三国
人物传

绝版王朝
盗版君臣

曹操卷

婧　婷◎著

新 华 出 版 社

图书在版编目（CIP）数据

绝版王朝　盗版君臣 · 曹操卷 / 婧婷著.
北京：新华出版社, 2016.12
ISBN 978-7-5166-3055-6

Ⅰ. ①绝…　Ⅱ. ①婧…　Ⅲ. ①政治人物－人物研究－中国－古代
②曹操(155-220)－人物研究　Ⅳ. ①K827=2 ②K827=362

中国版本图书馆CIP数据核字(2016)第317133号

绝版王朝　盗版君臣 · 曹操卷
作　　者： 婧　婷

责任编辑： 刘燕玲　祝玉婷　　**封面设计：** 臻美书装
责任印制： 廖成华

出版发行： 新华出版社
地　　址： 北京石景山区京原路8号　　**邮　　编：** 100040
网　　址： http://www.xinhuapub.com
经　　销： 新华书店、新华出版社天猫旗舰店、京东旗舰店及各大网店
购书热线： 010－63077122　　**中国新闻书店购书热线：** 010－63072012

照　　排： 臻美书装
印　　刷： 北京文林印务有限公司
成品尺寸： 160mm × 230mm　1/16
印　　张： 18　　**字　　数：** 220千字
版　　次： 2017年3月第一版　　**印　　次：** 2017年3月第一次印刷
书　　号： ISBN　978-7-5166-3055-6
定　　价： 36.00元

自序

王朝，三国发展到极致；三国，帝王争雄到极致。帝王，曹操当到极致；文臣，孔明演到极致；武将，周瑜干到极致……一朝天子一朝臣，这是中国历史上历朝历代最为普遍的规律。然而，三国却是三朝天子三朝臣。三朝同时共存，彼此独立，各自为政。

帝王太多，英雄太多，故事也多。三国里，戏多，谜更多。戏外有戏，戏里有谜。从三国到现在，从文字到舞台，一个个错综交织的英雄形象，虽然在观众的视线里清晰可见，可又在读者的心灵上扑朔迷离。

《三国志》问世后，少部分人“清晰”了。《三国演义》问世后，大部分人“模糊”了。曹操、刘备、孙权、司马懿、诸葛亮、周瑜，这几位在文学和史学中争议最多的人物，不管是好是坏，罗贯中几乎把他们都整得“面目全非”。

穿越千年的迷雾，历经千年的纷争，如今，三国这个时代所留给我们的，依然是一个个模糊的背影。这些英雄们几乎日日夜夜都充塞于我们生活的个个角落，然而，两千年的时空也足以让一切都化为云烟。

三国的那些英雄们，虽然早已经被“盖棺”了，我们却很难给他们一个确切的“定论”，也许是因为这个特殊的时代所留给我们的疑问和惊叹太多。在这些人物和事件的是是非非中，他们的历史原貌究竟是个什么模样?

本套书以三国为背景，以时光为坐标轴，作者在综合正史、野史、文学作品等众多资料的基础上，拨开层层迷雾，沿着历史发展的进程和每个人物一生的足迹，选取魏、蜀、吴最具有代表性的一君一臣，抓住他们生命中每一个可放大、可缩小的精彩情节，自小时候的故事开始讲起，从生前写到身后；围绕每个人物身后那一波又一波的争议，从戏里写到戏外；以君王为圆心，以诸臣为半径，以华夏大地为舞台，从个人写到国家；一代帝王打江山，二代帝王守江山，三代帝王坐江山，四代帝王丢江山，自创始人到终结者，从开国写到亡国。

前宫后宫、战场情场，君君臣臣、父父子子，成败得失、你来我往……历史和演义中混淆的人物与事件，在这里都被查了个水落石出。同时，作者又对从历史到小说的演绎作了深刻剖析。

历史上，小说中，仅从表面来看，曹操似乎都是真丞相假天子。但实际上，人人皆知，他就是真真切切的魏国天子，汉献帝刘协才是老二。君不是君，臣不是臣，二者是翻版的，也是盗版的。刘备虽然没有传国玉玺，却丝毫不影响一步步实现他的蜀国皇帝梦，尽管只是个白板的，却也是个皇帝。孙权既不姓刘，也没传国玉玺，更没有挟天子以令诸侯的政治优势，但一代吴大帝照样叫响三国。

俗话说，上梁不正下梁歪。既然曹操、刘备、孙权都不是正宗的皇帝，那么，司马懿、诸葛亮、周瑜这些一国老二呢？

鞠躬尽瘁，死而后已。一代忠臣诸葛亮说到了，也做到了，因而名垂青史。一代名将周瑜，帅才帅哥加军事统帅，为了得到他，里外都缺德的曹孟德和刘玄德，明里暗里，在吴老大孙权面前和面后说尽坏话，机关算尽，最终还是竹篮打水一场空。司马懿，虽然人在曹魏，却也日日夜夜都在捣鼓着与诸葛亮“同呼吸共命运”。尽管如此，君臣依然各司其职各负其责，兢兢业业地经营着属于自己脚下的那一亩三分地，愣是让三国像不倒翁一样结结实实地鼎立了半个多世纪。

其实，曹操的用人高招和新锐思想，司马懿的政治手腕和军事才能，刘备的博大胸襟和仁慈爱民都是被人津津乐道的。不管你是哪一行业领域，哪一文化层次的人群，读一读在中国历史上这个最乱的乱世中脱颖而出的一代英雄，学一学他们在乱世中脱颖而出的诀窍，这总不是一件坏事。

如果你没有孙权的父兄基业可以继承，你就学刘备，从摆地摊起家吧，打游击战，学会灵活变通，这样你也可以找到属于自己的一片天地。当然，如果生个像阿斗一样的儿子，那就没得说了。如果你家庭出身不好，外在条件也不好，你就学曹操，自己掌握点真本事就豁出去干吧，不过你要洞悉这个乱世起伏的规律，最重要的是学会如何用人，这样也不愁称霸一方。退一步说，如果实在成不了一方诸侯，司马懿、诸葛亮、周瑜，这些帝国老二都是顶尖级的潜力股。等曹操、刘备、孙权家族江郎才尽，大势已去，江山就有你的半壁了。

风水轮流转，世事却不变。但愿每一位读者都能够在盗版年代里做一回绝版的自己！

2016 年 6 月于洛阳

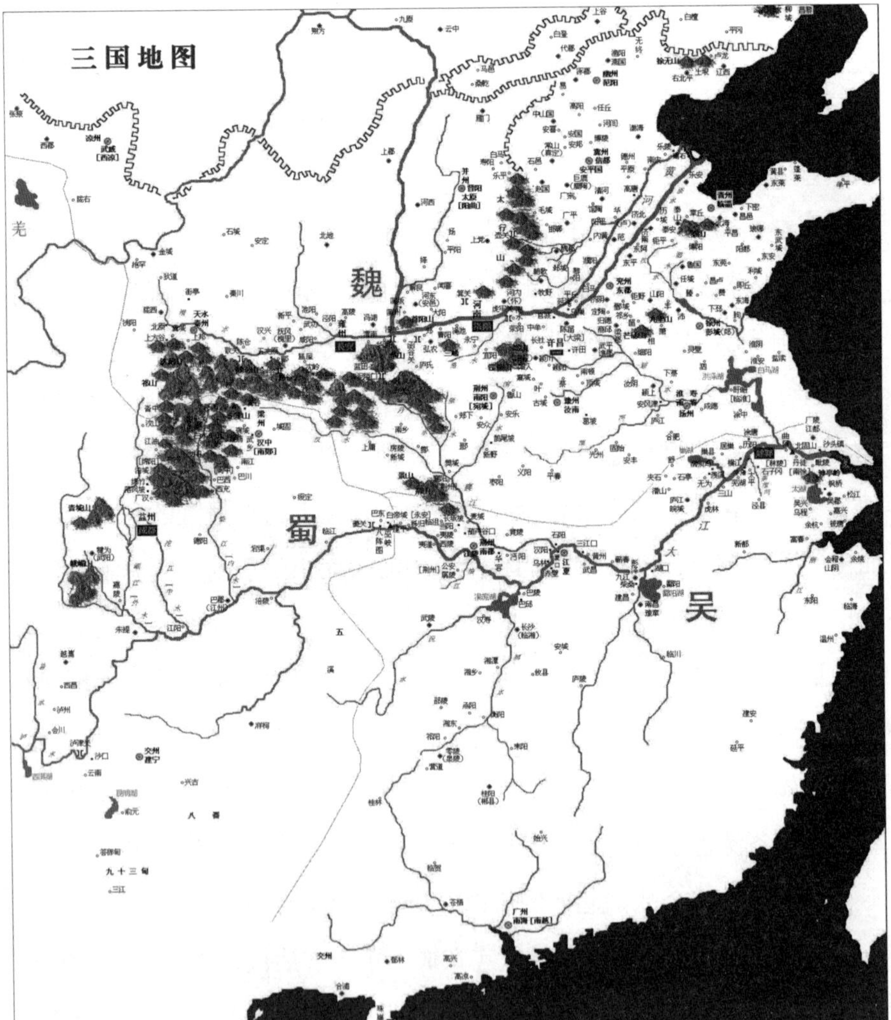

目 录 CONTENTS

1 领一帮混混闯天下

曹操小时候就是一个小英雄，但这位小英雄却有着超越同龄人的大智慧。这有先天因素，也有后天因素。但不管怎样，都为他日后打天下奠定了坚实的基础。他的英雄气概，应该说从少年时期就被逐渐打造出来了。

“瞒哥”是谯郡一带少年对曹操的尊称。当时在方圆十里，没有不知道这一称谓的。在现代人听来，就像喊黑社会老大似的。

也许有人觉得他就是一地痞无赖，可曹操却引以为荣。不管“黑”社会还是“白”社会，是“老大”就行了。

关于曹操小字“阿瞒”这个事，三国时期吴国人熊明所著的《曹瞒传》有详细说明。由于政治方面的原因，这本书中描写的曹操多为负面形象。但是，曹阿瞒这个名字应该是符合历史史实的。

只是这名字太不像一个大领导的名字了，所以，曹操后来就给改了。

即便换了个名字，可骨子里依然是阿瞒的本性。不管在什么年龄、什么地方，抑或是叫什么名字，对于曹操来说，他要的就是轰动效应。他只想当个头头儿，领导着他的一帮“千军万马”，想干什么就去干什么。

“千军万马”从何而来？曹操自有他自己的一套笼络人的法子。

少年曹操活动的半径大，结交的对象也多。他这人很仗义，动不动保护这个，营救那个。不管他能否保护得了，但是至少人家有这个勇气，一帮铁哥们也都愿意跟着他混。与他在一起，多少会有点安全感。

曹操交友没有高低贵贱之分，不管什么样的人，只要你愿意跟着他混，为他效力，并听他使唤，他都愿意与你做朋友。所以他的朋友圈像滚雪球似的一圈一圈地增大。

曹操收买人心的方法是——钱！钱这个东西，曹操不在乎，他家不缺这玩意儿。这个方法虽然很俗气，但很有效果。曹操出手很阔绰，平时大小朋友们聚众狂饮，几乎都是他买单。俗话说，拿人家的手软，吃人家的嘴短。所以，在谯县地面上的诸多混混、泼皮、二杆子，都愿意跟在他屁股后面，而且还乐得屁颠屁颠的。就这样，曹操的“千军万马”也就随之而来，并且大都对他忠心耿耿。这为他日后驾驭一群时代精英打下了基础。

一个十来岁的孩子，再混你又能领着一群阿猫、阿狗混到哪里去呢？别人不知道，曹操知道。反正他曹操有勇、有谋，有了这个，再去闯天下、混名气，那总比无头苍蝇到处乱撞要好得多吧。

再说了，即便混不到哪儿去，年少的曹操也要豁出去闯，这不是带有某种目的性的所作所为，完全是他的个性使然。

二杆子本来就不好对付，曹操这个二杆子的领导当然更不好对付，就连高大魁梧的袁绍也不是他的对手。曹操虽然个头不高，但会些拳脚功夫。即便保护不了他的兄弟，也足以保护自己。

如果出现比自己更强大的对手，他就头手并用，专攻下三路，将对方拱翻在地。他天不怕、地不怕。有时还专挑无人敢挑战的大块头儿打。袁绍家族显赫，人又长得很得意，但这对曹操构不成半点儿威胁。

曹操是一个善于反思的人，如果打了胜仗，他就在伙伴们面前大肆炫耀，走到哪儿说到哪儿，因为这样可以让人更加畏惧他。次次打胜仗，次次四处吹嘘，久而久之，伙伴们都以为他是一个常胜将军呢。若是吃了败仗，他却能很低调地去总结失败的教训，等时机成熟再来一仗。这一点，的确像一个潜在的军事家和政治家。

别的不说，就官渡大战和赤壁大战就能明显地看得出来。从乌桓的战场上归来，他在马背上舞蹈；赤壁败退，他很认真、很透彻地分析失败的原因，安慰自己，也安慰他的将士们。看看演义里赤壁之后那一课，他给将士们讲得多生动啊！

曹操不但能打，更能玩儿。他确实是一个不知天边在何方、地缘在何处的人。《曹瞒传》云：“太祖少好飞鹰走狗，游荡无度……”小时候，他在周边几十里的县城东悠悠西转转，花样耍尽，洋相出尽。鸡鸣狗盗是小菜一碟的事，打架斗殴更是家常便饭。

总之，只要是他觉得好玩儿的，他什么损招儿都能想得出来，不玩儿他个天翻地覆誓不罢休。曹操这只老虎，不管发威不发威，没有人敢把他当病猫。据传说，曹操小时候尿床尿出的图形和后来三国鼎立时的地图竟然一模一样！这种在睡梦中玩转三国的本领，实在让人叹为观止。

曹操不但鬼点子多，也爱到处游荡。《三国志·武帝纪》曰：“太祖少机警，有权数，而任侠放荡，不治行业，故世人未之奇也……”其实，游荡无度也并不是一件坏事，它可以培养人的直觉，训练人的思维，并扩大思维半径，提高敏锐度和穿透力。与纨绔泼皮厮混，是最有利于洞察人性的。

大英雄的天下，其实是从小混混开始的。从小就混得方圆几百里赫赫有名，没人敢拿他当猴子耍。不过，曹操的“混”，是一种带有反思的混。所以，他这种灵动多变的“混”本事，在天下未乱之时表现为鸡鸣狗盗，而在天下大乱时则发挥到极限。

这一点，史籍《三国志》裴松之注中有相关记载，不过，那个长大后《三国演义》里的曹操，他依然是曹操。那种敢闯敢干的劲头儿，让人依稀可见。从戏里到戏外，曹操的这个形象基本一致。

在信息失真的时代，龙可以缩小为虫，虫可以放大为龙。但是，在真真实实的历史书页里，不管他穿着什么样的外衣，龙，依然是现实中的龙；虫，依然是现实中的虫。那么，曹操这个小混混，是龙是虫，一部三国史可以作证。

从后来曹操昭告天下的文书来看，曹操的梦想是做“周文王”的！在与汉末天子并驾齐驱的岁月，有谁能想象他就是小时候那个领一帮小混混闯天下的“大人物”呢？与儿时的袁绍、袁术二兄弟相比，曹操的确算得上一个具有大智慧的小英雄。

②

一场蛟与龙的博弈

曹操十岁时曾在水中与蛟龙大战并取胜，这是正史中压根儿就没有的事。几乎所有的人都认为，这是曹操自己杜撰的。可是，曹操为什么非要选择去杜撰一场与蛟龙的决战呢？无风不起浪，民间既然有曹操与蛟龙搏斗的传说，那曹操与蛟龙肯定有着千丝万缕的联系。

可为什么曹操选择的斗争对象偏偏是蛟龙呢？蛟龙究竟为何物？

据说，蛟龙是蛟和龙交合而成的一种动物。但是，蛟和龙却是一正一邪两种完全不同的神异物种。它们之间有着很大的区别，但也有着更多的联系。龙——就是由蛟“进化”而来的。

在我国古代的传说中，蛟常常像人类一样为了争夺居住权而进行一次次的争斗。只是，人类争夺的是陆地，蛟争夺的是水域。一般情况下，强大的蛟龙往往能够夺得较为舒适的水域，而弱小的蛟由于能力有限，则只能被逼到细小的池塘或者河流里。

但是，蛟这玩意儿，既然是邪恶的，它就一定会侵害别人的利益。据说蛟常常会咬鱼、吃鱼，这下渔民就倒霉了，养的鱼还不够蛟损害的呢。不过，蛟也有自己的天敌，那就是鳖。如果你把一只鳖放在鱼群里，蛟就不会来了。所以，渔民在养鱼的同时都不得不养一些鳖当“守护神”。

曹操小时候也不知道见过蛟没有，但蛟在冰冷的水中潜藏五百年后羽化成龙的事的确有点像曹操。只是，曹操这蛟升天了，那些流进海里的蛟则成为龙王的部下过着不自由的宫廷生活。是啊，袁绍、袁术、刘表这些蛟，不都是曹操这只龙升天的牺牲品吗？

中国古代神话认为，虺（huǐ）千年为蛟，蛟五百年为龙，龙五百年为角龙，千年为应龙。然而，世界上却并不曾有过蛟这样的动物。它像龙一样，只存在于人们的想象中。

而龙，则是中国传说中一种善于变化，能兴云雨、利万物的神异动物，位居“四灵”之首。春分登天，秋分潜渊，呼风唤雨，无所不能。也正因为它代表着正义的一方，因此成为中华民族的图腾崇拜。人们把它当作祥瑞的象征，帝王统治的化身。

我们历史上第一个王朝的开国帝王禹，传说他就是由一只黄龙变来的。当年洪水泛滥，人们几乎快要生存不下去了，是禹控制住了发怒的龙王，拯救了万民，所以，禹建立的夏王朝就是一个以龙为图腾的氏族。自此，龙穿越几千年的华夏文明史，成为人们心目中至尊无上的“崇拜”。

那么，蛟与龙交合在一起的蛟龙呢？一旦遇到可以借助升天的外物，它是决不会像未出山的诸葛亮一样一直卧在池中的。

《三国志·周瑜传》曰：“刘备以枭雄之姿，而有关羽、张飞熊虎之将，恐蛟龙得云雨，终非池中物也。”如果说刘备是人中蛟龙的话，也确实有点对不起这个比喻。因为，在三国，可以称得上人中蛟龙的人只有一个——那就是曹操！

曹操十岁那年，离三国的开始还有一段距离。但是，曹操，他始终是曹操，就算他现在是蛟，可“蛟五百年为龙”啊！其实，在曹操身上，有蛟的成分，更有龙的成分；有奸的成分，更有雄的成分……

如果说曹操与蛟龙的这次水中大战大获全胜，那么，这个杜撰实在可以称得上高明。曹操真不应该是一位诗人，他应该去写小说，或者去做预言家。

我们知道，蛟龙只是神话传说中的一种动物，那么，既然是神话传说，就可以毫无疑问地断定——曹操是在杜撰这场与蛟龙的“战争”。不过，对于这位文武兼备的大英雄，我还是宁愿相信这是真的，哪怕是自欺欺人。

能战败蛟龙，曹操是想告诉大家他很勇猛，水性好。但是，如果仅仅如此，就让人有点不好理解了——可以通过“事实广告”宣传他英勇的故事千千万万，他为何去杜撰这个呢？他是否有着别的延伸目的呢？

在蛟龙身上，蛟与龙的博弈，就好比奸与雄的博弈。在曹操看来，战胜蛟龙是次要的，最重要的是——他要让自己身上的“雄”战胜“奸”！他要从蛟变为龙！凭着他的这份勇，他要雄霸天下。

民间有句俗语：“可上九天揽月，可下五洋捉鳖。”曹操的活动半径大，等他再大一点时，谯城方圆十里已远远容不下他了。这个时候，天上、水下，都成了他要开拓的领域。

少年时就喜欢飞鹰走狗的曹操，射猎场上自然也当仁不让。据说，他曾有过一天之内射杀 63 只野鸡的“吉尼斯纪录”，弓法之娴熟，令人生畏。当然，射死的鹰也不计其数。虽没有上过九天揽月，但天空的各种飞禽，几乎没有不被他射过的。

五洋，曹操可能没下去过，但鳖肯定捉过。蛟龙他还敢逗一逗呢，更何况鳖？蛟龙所在的地方可不是一般的小溪小沟。

蛟龙的肉他可能没吃过，但现实中天上飞的、地上爬的，四条腿的除了桌子、板凳，恐怕他没几样不吃的。

上至天空飞鹰，下到水中蛟龙，曹操都敢调戏，这无非是在宣传自己通天的本领。其实，就是编故事曹操也会结合实际情况编，而且就算是纯粹的小说，他也能编得让你半信半疑。

曹操的老家谯城，这个汉末五大都市中的其中一城，就位于颍水二支流汇聚处。曹操世居颍水，经常在这颍水中浑水摸鱼。在众人中，水性之高不作第二人想。也难怪，他要杜撰自己曾与蛟龙作战并大获全胜的故事。

在曹操的体内，有“蛟”的潜质，更有“龙”的基因。只是，从“蛟”到“龙”，这需要一段时间的过渡。而且，在曹操身上，“蛟”的成分要比“龙”的成分要先显现出来。

从曹操主动与宗承大名士握手交朋友那一刻起，“蛟”已经逐步地向“龙”过渡，直到在入仕与归隐中修炼成一代文学家、政治家、军事家……

在这一故事情节中，戏里的曹操与戏外的曹操没有区别，虽然怎么杜撰都是虚构，可这虚构下却上演着一个轰轰烈烈的现实，那就是曹操的一生——这一场“奸”与“雄”的博弈！

这一生，曹操活了六十六年！没有五百年，甚至一百年都不到。但曹操，却完成了一次从“蛟”到“龙”的飞升！

3 太监之后行刺太监

曹操是太监之后，这一事实在他没出生时就注定了。因为他的爷爷曹腾领养了一个儿子曹嵩。在汉末乱世，官至太尉的曹嵩偏偏又生了一个看不惯太监祸乱朝纲的儿子曹操。“正义之神”替天行道的事，也被这样埋下了伏笔。

曹操的爷爷曹腾，究竟是一个怎样的人物呢？《三国志·武帝纪》曰：“太祖武皇帝，沛国谯人也，姓曹，讳操，字孟德，汉相国参之后。桓帝世，曹腾为中常侍大长秋，封费亭侯。养子嵩嗣，官至太尉，莫能审其生出本末。嵩生太祖。”也就是说，当年桓帝在世时，曹腾为中常侍大长秋。平时也就干着宣达皇后旨意，管理宫中的工作，相当于皇后近侍官的首领，工资大概为两千石。

虽然是太监，但曹腾也有一个美丽的宫女相

伴。这个女子就是吴氏。曹腾与吴氏结为“对食”夫妻，也就是太监和宫女结成挂名夫妻，搭伙共食，两个人就这样度过了漫长的一生。

曹腾不是一般的人物——他是中国历史上唯一被追认为皇帝的宦官！这还要感谢他的孙子曹操。曹操虽然没有做过一天的皇帝，但他却为曹丕登上龙椅奠定了坚实的基础。魏文帝曹丕即位后追封曹操为魏武帝；魏明帝曹睿即位后，追尊曹腾为高皇帝，夫人吴氏为高皇后。

前半生失去的，后半生得到了补偿；生前失去的，身后得到了加倍的补偿。曹腾可谓是不幸中之万幸也。而孙子曹操，这个不折不扣的太监之后，虽然身份尴尬，却也占尽了祖父和父亲的荣光，可谓是幸也太监，不幸也太监。

汉末的乱，都是一帮太监惹的祸，这是人之共识。曹操当然更清楚。

敛财——弄权——乱后宫！虽然很多朝代都会出现这样的现象，可是汉末的太监们却把这些做到了极致。

多行不义必自毙，别说是他人，连太监之后曹操都看不顺眼了。也许，如果不是看在祖父身份的分上，他早就开始动手收拾这帮败坏“自家”门风的混账了。

东汉——张让！这个响当当的名字，在中国太监史上，恐怕无人不知、无人不晓。但是，凡是知道的人，没几个不诅咒他断子绝孙的。太监之后曹操更是对他恨得咬牙切齿。

张让带领着一帮太监干的那些事，说出来实在是有点荒唐可笑。敛财吧，这说得过去；弄权吧，也可以理解。但是，这“乱后宫”就有点让人不免要偷笑了。生理的变态导致心理的变态，我们该反思一下制度的问题了。

当然，干这些勾当，张让也不是首例。从中国封建社会第一个太监吴腾宇开始，这种苗头已经萌芽。其实，太监也不是中国的“特产”。在古代埃及、希腊、罗马、土耳其、朝鲜等，都有太监。只是，中国的太监制度是最根深蒂固的。

在封建帝王时代，帝王的爵位是世袭的，皇帝最怕的就是他人篡夺自己的皇位。为了保证不被他人篡夺，一国之君总会想出一些保险的措施。于是乎，太监这类人群，也就理所当然地诞生了。

这些朝夕伺候在自己身边百依百顺、出身低下而又没有后代的宦官，天子认为他们才是保证自己皇位和后宫佳丽最安全可靠的人群。其实，这是一个很荒唐的想法。这些生理变态的宦官们，不愁他们不会干出一些荒唐甚至险恶之举。

依仗着在宫廷中的特殊地位，宦官们用它来攫取更大的权力，甚至操纵当朝天子。这些人虽然奴性十足，但狡黠阴险、残忍狠毒。必要时，他们会结成死党，贪赃枉法，陷害忠良，假传圣旨，废立以至杀死皇帝。这些宦官虽人数不多，但毁害性极大。

东汉末年，以张让为首的十常侍宦官集团就是如此。他们独霸朝纲、权倾天下。张让从一杂役太监逐步爬上太监首领中常侍，怂恿昏君汉灵帝刘宏设立“四园卖官所”，公开卖官敛财。而且，他还在汉宫西苑设立“裸游馆”专供灵帝淫乐，哄得灵帝天天乐呵呵的。在皇帝的这种笑容中，百姓看到了一个王朝的末日……

想想当年同是太监的曹腾，在宫中工作三十多年，不但未曾有过过失，而且还能推荐贤人。甚至种暠弹劾他，他也不计较，还时时称赞种暠是个能干的官。这等胸怀，张让肯定做不到。

更让人愤恨的是，张让把自家的庄园建得比皇宫还高。为了不让灵帝发现，他拿“天子不可登高，登高必遭大祸”来蒙骗灵帝。而这个昏君竟然相信，并且还口口声声称张让为父。这皇帝和太监，创造了一对“老子狗熊儿混蛋”的经典父子。

在痛恨这些祸国殃民的太监的同时，我们不免会想，究竟是什么导致了太监们心灵的残疾？——天子对皇权的垄断？制度对人本性的泯灭？

须知，那些把命根子都交给皇上的太监们，是不可能对这种泯灭人性的制度一直保持沉默的，所以，他们对皇权的反扑也是在意料之中的。曹操也知道这些，也能理解这一制度的非人性化。但曹操更知道，现在最迫切的是救国民于水火之中。

以张让为首的十常侍，一年比一年嚣张，这早已引起朝中文武百官的愤怒。后来，以何进为首的外戚集团对这帮太监再也忍不下去了，于是，“外戚派”打算诛杀“宦官派”。

然而，“宦官派”消息灵通，来了个先下手为强，诱杀了“外戚派”头头何进。京师禁卫军群情激愤，袁绍率兵杀了赵忠，搜捕宦官，无论老小，统统杀掉。张让等几十人劫持天子作为人质逃到黄河边上，后因走投无路而投水自尽。这个时候，太监的名声江河日下。不但外戚看不惯张让的罪恶行径，就连当时仅十六七岁的曹操也想行刺他。

曹操是最看不惯官场腐败的，他正气冲天，牛气也冲天。看不惯就拔刀相助，助个人，也助国家。总之，他就要动手整治一下这个他看不惯的恶人。不过，他要整谁，还真没人能够拦得住。

可是，这太监之后行刺太监是何概念啊？关于曹操的父亲曹嵩是太监之后曹腾养子的事，《三国志》《资治通鉴》等一些史料中都有明确记载。曹操这一整不当紧，天下人可都知道了。

阿瞒、吉利是曹操的小名。《曹瞒传》载，曹操父亲曹嵩本姓夏侯，因为成为曹腾的养子才改姓。当然，也有一些史料说，曹操的曾祖父曹节育有四子，其中第四子曹腾幼时入宫为太监，无后，后来要了三哥曹褒的二儿子曹嵩，曹嵩生有曹操和曹德。

曹操到底姓什么呢？是姓夏侯还是姓曹？这是个一直存有争议的问题。但不管姓什么，曹操是太监之后是毫无疑问的。

在当时，碰上曹操这样的人，张让也确实是够倒霉的。路见不平一声吼，吼完他继续往前走。别说是张让，就是他的祖父曹腾也拿他没办法。

曹操是太监之后，但曹操厌恶“太监”。他从不以祖父曹腾为荣。旁人提起太监的排场和威风，曹操就露出满脸不屑的神情，恨不得把对方一脚踢到十里开外，更何况张让这样的人。

初生牛犊不怕虎，十六七岁的曹操怕什么呢？就算是杀了张让，那也是替天行道。这一年，他与张让还真玩儿了一回惊动百里的游戏。

曹操做事，是非常注重轰动效应的。他不但在民间拔刀相助，在朝廷遇到不平的事也要吼一声。不鸣则已，一鸣惊人。这就是曹操想要的结果，无论做什么事。

曹操的刀光剑影不认人只认事，与他所谓的祖父同行业也不行。不但沾不上半点儿光，而且还要为此付出“额外”的代价。

太监之后行刺太监！戴上这样的帽子，曹操想不出名都难。

再说了，太监早不弄权晚不弄权，偏偏赶在这个节骨眼儿上弄权，这不是苍天在背后故意给曹操创造出名的机会吗？

然而，不巧的是，曹操手持利器潜入张让的住处，未及行刺，就让对方发现了。这事难不住曹操，这个遇险不乱的少年，“乃舞手戟于庭，踰垣而出”。也就是他舞动着一支画戟，一边呵呵笑着，一边轻巧地越墙而出。张让家那么多家丁，居然奈何不了他分毫。曹操爬树跳墙的本事实在太高了，连猴子都不是他的对手。

《三国志》裴注孙盛《异同杂语》云：“太祖尝私入中常侍张让室，让觉之；乃舞手戟于庭，踰垣而出。才武绝人，莫之能害。博览髃书，特好兵法，抄集诸家兵法，名曰接要，又注孙武十三篇，皆传于世。”后来，这个故事被罗贯中在《三国演义》里演义成曹操行刺董卓。其实，史籍中没有那事儿。

行刺张让之后，曹操一度名气大噪。十六七岁的曹操，这次的行刺未遂不但没有被抓捕，没有给戴上任何罪名，而且从此以后他无论走到哪儿，都有人让位、请吃、请喝。这一下真是赚足了面子，曹操的派头更大了。

太监之后行刺太监！这一股“风”刮出去，曹操不“火”才怪。

4 曹郎夜劫新娘

“问君能有几多愁？恰似太监上青楼。”虽然祖父是一位名副其实的太监，但曹操不是，所以他不愁。他的家庭条件又是那么地富裕，饱暖之后当然就是思淫欲了。

怎么思？这个十六七岁的曹郎与袁绍早已策划好了。

他无论干什么事，总要找个垫脚石为他的恶作剧买单。有时候，就算你真正抓到了把柄，他也会把事件的祸端嫁接到别人身上。这就像司马懿在电视剧新《三国演义》里对曹操的儿子曹丕所说的：“曹操自己就是一个敢赖、会赖、一赖到底的君王。”

其实，敢赖和会赖并不是什么见不得人的事。最起码，敢赖说明人家有这个胆量，会赖说明人家有这个谋略。在那个乱世，在那个领域里混的人，谁没有一点自保的生存技巧？只要不是蛮横无理的赖，这都是可以理解的。

曹操做事，差不多都是有计划、有预谋的。他极少去打没有把握的仗。行刺太监让他的名声一度大噪，这个赞叹声还没散尽，他又掀起了一个更大的波浪。唯恐天下人不知道天底下还有一个叫曹操的人。也许曹操也就是这么想的——管他呢，先把自己的名气指数提上去再说。

有哪个女人会喜欢太监呢？曹操会说，我祖父是太监，我可不是……他甚至恨不得告诉谯城所有的妙龄少女、新娘，甚至少妇、孩他妈。其实，十七岁这个年龄确实也该找媳妇了。“男不坏，女不爱”这个逻辑，他不会不知道。

本来，曹操长得是很丑的，海拔也不高，一米六多的个头儿。他不像袁绍那样高大魁梧、一表人才，很讨女孩子喜欢。不过，不是也有人说，浓缩的都是日月山川之精华嘛，个头大就说明你一定很厉害吗？恐龙不是照样灭绝了？

在三国那个时候，是没有发达的整容技术的。如果有，相信曹操整容的激情绝不亚于韩国的女孩子。哪个女孩儿不喜欢英俊少年？曹操要博得女孩儿的喜爱是需要一点资本的。

但是，话又说回来，人长得漂亮不如活得漂亮啊！不像现在，每个人出生的时候都是原创，后来很多人渐渐成了盗版。

修改得漂亮了，但是否活得漂亮，这又成了一个疑问。有脸蛋又有大脑的人实在是少之甚少。但是，曹操虽然没有英俊的脸蛋，可他有英俊的大脑！

仅仅凭着这一个英俊的大脑，他曹操就敢设想着要征服天下。那么，征服了天下之后，天下女子呢？他是否想把天下美女都一网打尽呢？他又是从什么时候开始行动的呢?

就是在十七岁这一年,曹操还真的做了一件昭告天下女子他不是“太监之后”的大事。

他在谯城发现了一位很漂亮的女子。曹操很想接近人家，但自己又不好意思，于是他就拉袁绍一起去“劫色”。可惜，那美貌女孩儿却是别人的新娘，正在举行婚礼。但就算是别人的新娘，只要是曹操看上的，他也总会恶作剧地到新郎的桌子上去插一筷子。

他想干的事,那是任何人都阻拦不住的！包括后来的汉朝末代皇帝。

在这种情况下，曹操就与袁绍一起偷偷摸摸地潜入了主人家中，接着二人就开始等待。等待最佳时机的到来。这两个人，从上午一直埋伏到天黑。

这实在是一件无聊透顶的事，明明知道别人的新娘你是抢不走的。可是他们偏偏要去争取一把。也许玩儿这个游戏是他们的特长吧。

人家不但有胆量，而且还有耐性。这一段埋伏的时间，也不知他们两个是怎么熬过来的，恐怕只有曹操和袁绍知道。

天，终于黑了！

曹操与袁绍忍耐了一个世纪的力量终于一下子爆发了。不一举成功看来二人是不肯罢休的。

在新郎家的院子里，曹操与袁绍攒足了劲儿地齐声高叫了一声：有窃贼！有窃贼！这个时候，屋子里的人都慌忙出来了。接下来，会是一个什么样的场景呢?《三国志》中无此丑闻，《世说新语》中是这样介绍的：

魏武少时，尝与袁绍好为游侠。观人新婚，因潜入主人园中，夜叫呼云：“有偷儿贼！”青庐中人皆出观，魏武乃入，抽刃劫新妇，与绍还出。失道，坠枳棘中，绍不能得动。复大叫云：“偷儿在此！”绍遑迫自掷出，遂以俱免。

这两个人先将新娘的家人骗出来去抓盗贼，然后两人趁人家抓贼之际偷偷溜进洞房，扛着新娘就一起撒腿向荒野逃去。

那速度，那劲头，那表情，估计一般人是体会不到的，当然也无法形容。这真是曹操生命中一段难忘的“人生历程”！

这一次，他彻底尝到了“望梅止渴”的滋味！

只是，挨渴的不是他的士兵，眼前的“梅子”也不是自己的新娘，他最多偷抱着别人的新娘跑上一段路程而已。但这份饥渴，依旧甜在心底。当然，也被后人深深地夹在历史的书页里。

这两人究竟想把别人的新娘怎么样呢？谁都不知道。或者说，连曹操和袁绍他们两个也不知道。他们只知道尽快向远方跑去，不要让后面新娘的家人发现。两个人上气不接下气地跑啊跑，跑到何时方是休呢？

——直到袁绍的腿被绊住。

袁绍这个哥，虽然人很帅，但是腿脚不够利索。在曹操跑得正欢之际，他却不小心跌倒在了荆棘丛中。而且还一时动弹不得，看起来似乎跌得很重。关键时候掉链子，拖曹操的后腿。

眼看着远处新娘家寻人的火把在夜幕中乱晃，“抓贼”的呼叫声此起彼伏，袁绍的神经也开始慌乱了。因为他的腿连扭带伤，怎么也爬不起来了。这时，曹操不管三七二十一，冲着火把方向就大喝：窃贼在此！窃贼在此！

曹操的话音未落，那袁绍就翻身蹦起，撒开两腿狂奔，兔子般蹿入了茫茫野地。那样子，似青蛙掉在了热水里。

如果说曹操是个奸雄，但从这一点来看，他也挺实在的。在人家院子里，对着新娘的家人大喊“有窃贼”，他自己偷走新娘；人家出来抓贼了，他又对着寻找新娘的人大喊“窃贼在此”，这份实实在在的狡诈，居然让人恨不起来。

这件事多见于史籍，没有被小说家写进小说，也没有被戏剧家搬上电视屏幕。但是，曹操却在当时为此火了一把。至于那位可怜的新娘，在那个恐怖的夜晚遭遇如何，史料中却没有记载。不过，“窃贼”逃跑了，想必新娘也无大碍。

曹操的夜劫新娘之举，令全城为之哗然。也许众人都会说，这真不是一个一般的流氓、无赖。但是，曹操不管这些，他是否是带着某种目的而来，只有他自己最清楚。

故事结束了，但这件事实在让人搞不明白：曹操这样做究竟是为了什么呢?

劫色劫了个半途而废，难道等了一天就为了扛着新娘在荒野里跑跑？玩儿一把惊险的刺激?

一些人说，曹操这是为了借此扬名，未免有点太无聊了吧？借这个扬什么名呢？好色名？勇士名？就算是扬名也不至于用这个损招儿啊。

不过，除了扩大自己名声的目的外，也实在找不出其他的理由能够解释得通。幸好，被劫的新娘只是受了点惊吓，并没有受到什么伤害。

火把啊，火把！在黑夜里给曹操留下了人生第一次爱情的遗憾。

不鸣则已，一鸣就惊动千里！今天如果把曹操请去做一些广告的代言人，肯定绰绰有余。不对——他应该去做广告总策划。活着时，他对大、小乔垂涎欲滴；离世后，他也给后人留下了一个“东风不与周郎便，铜雀春深锁二乔”的无限遐想。

东风啊！东风……也许曹操真的恨死了这一股协助周瑜的“东

风”……正是由于这个，促成了曹操人生的又一大遗憾。

“塞翁失马”，谁知道它是祸是福呢？如果不是这个，曹操怎么被杜牧一句诗流传千古呢？他与他所筑的铜雀台以及大、小乔，又怎么会如此家喻户晓呢？

这出戏，实在有看头儿，戏外史学家无法或者不好意思记载的东西，文学家倒是在戏里替他表达了……其实有些事，特别是古代名人的有些意思和意愿，虽然没有在史书和现实中发生过，但它很可能在某些人的脑袋里或文学作品里发生时那就是真的了。

看看曹操后花园里的妻妾们，大都是曹操在战争中抢来的。张绣的婶娘他还不放过呢，更何况这位美丽的新娘？对于曹操来说，这实在称不上“新闻”，甚至连旧闻都算不上……

5 小无赖与大名士

夜劫新娘之后，曹操他又会去干什么呢？让我们看看这个广告总策划兼戏剧总导演的下一个举动。但是，在看这一伟大举动之前，我们还是先了解一下汉朝这个朝代和汉末的政治风气。

汉朝，是中国历史上继短暂的秦朝之后出现的又一个伟大的朝代，也是汉高祖刘邦建立的一个大一统的王朝。它在中国乃至世界历史上都产生了深远的影响，在汉高祖刘邦至汉景帝刘启时期，一度成为东方第一大帝国。

到汉武帝时期，大汉帝国已经成为世界上最强大的帝国之一，张骞出使西域首次开辟了著名的“丝绸之路”，开通了东西方贸易的通道。

“汉”从此在国内外成了华夏民族的代名词。但是，“汉”也不是一个会永存的朝代，它也有生有死，有头有尾。新旧更替是宇宙中永不变更的自然规律；分久必合、合久必分是约定俗成的历史规律。大汉辉煌四百多年，但仍摆脱不掉生、老、病、死的朝代更替。

时光又到了一个岁末，大汉的一些政治风气依然在沿袭着。比如，汉朝的选举制度，也就是当时的举孝廉制度，它不仅存在着，而且还愈发得到了巩固。

在当时的社会背景下，不少有志青年特别注重名望，特别是一些闻名遐迩的大名士对自己的评价。可以说，重名望这是当时的一个时代特色。有时候，名人的一句评价就能立刻抬高一个人的身价。比如，乔玄与本文的主人公曹操。

曹操有见不得人的身世背景。在当时那个社会，一个出身低微的人功名再大，依然洗涤不了家族遗传的血统。所以，爷爷是太监的曹操，比一般人更看重名声。

在曹操的周围，在屡被人们骂作“阉宦遗丑”的唾液中，曹操这个能屈能伸、能沉能浮的人，却能够挺起高昂的头颅，摒弃传统的家庭门第观念，一举成为三足鼎立中举足轻重的一鼎，这实在不是常人所能做到的。袁绍、袁术之辈，董卓、吕布之流，只能望尘莫及。

曹操的“志”，不在谯，也不在魏，而在整个天下。所以，他在乎的是天下有名的大名士对他的评价。像曹操这样的人，仅仅有小人物对他竖大拇指这是远远不够的。一帮泼皮、无赖、二杆子恭维他，显然更不值一提。

那么，谁才是曹操敬佩的大名士呢？在曹操眼里，宗承算一个。

这不，将满弱冠之年，曹操就去找南阳一个叫宗承的名士了。曹操“屡造其门”，很想和他交朋友。但宗承不予理睬：“薄其为人，不与之交。”这可是曹操第一次拜访名士啊。这位乱世中的奸雄，怎肯如此罢休呢？

宗承究竟何许人也？东汉末年的一位名士，出生于南阳（今河南南阳），与曹操是同时代人。其父亲是南阳太守宗资，因看不惯官场的腐败而弃官还乡。宗承后来也继承了父亲的品格，孤傲刚毅，不肯同流合污。

据说宗承还是一个孝子，在他父亲去世时，宗承亲自背土垒坟，一夜之间垒起了五尺多高，后来上面竟然长出了翠竹。也许是孝心感动了苍天，苍天让翠竹长满了宗承父亲的坟墓。

《世说新语》引《楚国先贤传》曰："宗承字世林……父贤，有美誉"，亦可见其并非出自门阀显贵，只是一闲雅名士之后。史称他"修德雅正，确然不群，征聘不就，闻德而至者如林"。

像父亲一样，宗承在当时也颇有盛名。尚未成名的曹操很是敬仰他，但每次都因为他家的客人太多，曹操连说话的机会都没有，正所谓"屡拜其门，不能得言"。后来，曹操终于找到了一个机会，"乃伺承起，往要之，捉手请交，承拒而不纳"，宗承为什么不理曹操呢？——说曹操为人不好。

这些在正史《三国志》中找不到蛛丝马迹，《三国演义》里也没有。不过，这却是实实在在的事实。不是演戏，也不是演义，而是还原了一个现实中也即是戏外曹操的真实形象。

试想，假如曹操是出自名门显贵世家，拥有所谓良好的门阀上品的高贵血统，宗承还会不接纳吗？宗承对曹操的态度，难道真是当时人们对血缘出身的一个侧面折射？宗承不搭理曹操，这究竟是因为曹操出身低微？还是因为曹操在十里八村是赖出了名的泼皮无赖？

早在曹操还没有得势的时候，宗承便看不起曹操，不肯与他交往。

曹操还真以为宗承不与自己来往是因为自己是太监之后，出身不好。可是后来，曹操做了司空，独揽朝中大权。这个时候，宗承对他是何态度呢？愿意与他做朋友吗？

曹操又去找宗承了。我们可爱的“奸雄”曹操，再一次向宗承问道：“现在我们可以交往了吗？”宗承仍然毫不犹豫地答道：“松柏之志犹存。”

也就是说曹操虽然是升大官了，但是我宗承还是看不起你的为人。我坚贞不渝的志节还在，我不会因为你官至司空就与你结交。看来，这“单相思”是成就不了一对美好“姻缘”的。所以，曹操也只好死了这条心。

其实，就算宗世林再瞧不起曹操的为人，再不愿和他交往，但就冲着这片诚意，也不该做得这么决绝啊。没有学过马克思主义哲学你也不应该一成不变地去看待一个人或一个问题啊，万事万物都在不断地发展变化，曹阿瞒凭什么还要原地踏步呢？

曹操以往是“任侠放荡，不治行业”，但现在不是了。水往低处流，可人，特别是有远大志向的人，是向高处走的。你宗承一介名士，怎么能连一个人的上进心也给“拒绝”了呢？好在，是雄鹰总会冲破重重阻力飞向蓝天的。

宗承不相信曹操，但是——曹操相信曹操！

这个时候的曹操，其实并没有宗大名士想象的那么泼皮无赖，也许那只是宗承对曹操小时候的印象罢了。不过，宗承虽然如此不给曹操面子，但是曹操的几个儿子对宗承还是非常尊敬的。每次当曹丕等兄弟来见宗承时，都是在宗承的座前行跪拜大礼。

从小混混一步步直逼大丞相，曹操的英雄史，可以说全是个人奋斗出来的结果。他没有刘备“汉室后裔那样的帝王血统”，也没有“父兄三代基业”孙权那样的深厚实力，更没有袁氏兄弟祖传殷实的家业。他所具有的只是一腔建功立业的热血和高人一等的智谋。在当时汉末群雄并起，并十分讲求出身门第的等级社会里，他依然能够通过自身的不懈努力成为一代霸主。

宗承这一举，不是激将胜似激将；曹操这一步，没有走错，而且很对，尽管宗承最终也不愿意与他交往。但这一步，是他用行动告诉现实中死去的人、活着的人，以及未来的人：今日之曹操非昔日之曹操也；表面之曹操非内心之曹操也。

⑥ 乔玄一言曹操一生

如果宗承看错了人，那么这一次，太尉乔玄算是看对人了。

《三国志·武帝纪》载，乔玄曾对曹操说："天下将乱，非命世之才不能济也，能安之者，其在君乎！"

在这个前所未有的乱局里，那个能安天下的人会是曹操吗？曹操也不知道。但是，为了这句一言九鼎、一字千金的话，曹操却是倾其一生来验证。

乔玄，当时的全国最高军事长官、三军总司令，世人皆知的大名士。他为何对这个宗承认为"薄为其人"的小混混如此看重呢？

据史料记载，乔玄生于公元 109 年，卒于公元 183 年，汉末梁国睢阳（今河南商丘南）人，很有个性。他不但为官刚直，而且镇守边关、搞国防建设也很有一手。

汉桓帝末年，鲜卑、南匈奴以及高句丽等少数民族在边境一带抢劫掠夺，让朝廷很是头疼。后来，无奈之下四府就举荐乔玄为度辽将军，特赐他使用黄钺的权力，去边疆试试。乔玄到了任上，这些骚动不安的敌对分子果然都像老鼠见了猫似的败退而逃。他在这里任职三年，边境一直安定无事，朝廷很是放心。

当国防部长，乔玄干得很不错；那么，当司法部长呢？乔玄依然手段非凡，执法严明。这里有一个关于乔玄颇具震撼力的故事。

一次，乔玄十岁的儿子独自外出游玩，突然被三个劫匪劫持。劫匪让乔玄拿钱赎人，乔玄置之不理，歹毒的劫匪就杀了乔玄的儿子。后来乔玄建议皇帝向天下下令："凡是有劫持人质的，一律格杀，不得拿财宝赎回人质，让罪犯无利可图。"天子采纳了乔玄的建议。从此以后，这种事就再也没有发生过。

乔玄是个清官，他去世的时候，家里没有一点产业，就连自己的妻儿也托付给了曹操。物以类聚，人以群分。那么乔玄看好的人，应该是与他的秉性和品格有着很多相似之处的人。

在曹操地位很低的时候，没有人知道他。就算是知道他的人，也没有几个看得起他。但是，等到渐渐长大后，曹操就斗胆主动去接近乔玄。虽然去找乔玄的时候，他也有几分忐忑，甚至心里像揣着几十只兔子似的，但他还是去了，他想听听乔玄这个清官大名士对自己的评价。

令曹操惊喜的是，乔玄不但热情地接待了他，还与他促膝长谈了很久。最让曹操刻骨铭心的是，乔玄还送了他一句终身难忘的话——"天下将乱，非命世之才不能济也，能安之者，其在君乎！"

可见他们两人还挺投缘的，第一次见面就交谈甚欢。此后，乔玄又点拨曹操，让他去拜见大名鼎鼎的汝南人许劭。曹操按照乔玄的嘱咐去了，许劭也接见了曹操。在曹操的人生之路上，乔玄就像曹操人生的导师，不但为他解惑，为他提供前进的动力，也处处为他指明未来的发展方向。

乔玄对曹操的评语，加在一起总共二十多个字。就是这二十多个字，让曹操一大早惴惴而去，暮色中欢喜而归。一直兴奋得彻夜不眠，半夜了还在自己的庭院里舞剑呢。这份儿纯真，也许只有午夜那皎洁的月光能读懂。

乔玄一句话，曹操不但用一生来验证，而且，恐怕就是死，他也会带到坟墓里去。

要问为什么？他是第一个这么了解曹操的知音啊！虽然历史上并没有明确记载乔玄是否知道宗承不愿意与曹操交朋友的事。但是，乔玄还是依旧高看曹操一眼。

《三国志》裴松之注王沈《魏书》曰："太尉乔玄，世名知人，睹太祖而异之，曰：'吾见天下名士多矣，未有若君者也！君善自持。吾老矣！愿以妻子为托。'由是声名益重。"

这里特地说明一下，王沈之《魏书》，非陈寿《三国志》之"魏书"部分。前者乃是曹魏时王沈与荀顗、阮籍一同撰写，《晋书》列传第九之王沈等传曰："多为时讳，未若陈寿之实录也。"而后者为三国时期的曹魏史书。

乔玄什么人物？曹操又是什么人物？他这句话一抛出去，曹操想不出名都难。

是啊，我们现在遇到的是一个乱世，这个乱世非"命世之才"不可。乔玄觉得曹操就是将来那个能平定天下的人，现在他乔玄老了，妻子和子孙也打算以后都托付给曹操关照。

乔玄真有一双火眼金睛啊。要知道，那个时候，曹操才二十岁啊。他虽然调皮捣蛋，不守规矩，胡作非为，但不是一般意义上的纨绔子弟。曹操文武双全，搞社会关系又有一套。更重要的是，他有远大的志向。

曹操好读书，尤好兵书，很有文学家的潜在天赋，以后就是不要秘书也没问题。据史书记载，曹操即便是行军打仗的时候也手不释卷。对于一个政治家来说，这一点是非常重要的。

乔玄看人，一看一个准。他竟然能够看到未来时局的掌控者是谁。曹操身上的某些有形和无形的潜在豪气、霸气、正气、文气，他都能够察觉出来。

曹操对乔玄的话言听计从，乔玄临死前，曾安排曹操路过他坟前时一定要带东西去祭奠他，曹操一一做到。一生能遇到这样一位学生，恐怕乔玄死也无憾了。

乔玄在曹操的一生中最深刻最纯真的记忆，应该就是“夜半舞于庭”了。这一刻，即使在乔玄死后，曹操依然会记忆犹新。因为乔玄是第一个对曹操这个小混混竖起大拇指的人。乔玄与曹操的感情，不是一个简单的“理解”就能说清的。

也许在大多数人的心中，曹操是一个奸雄。可是，在乔玄的心中，他是可爱的英雄。并且还是可以托付妻儿的朋友。曹操究竟有多么够义气？我们从一代才女蔡文姬那里可略知一二。

蔡文姬的父亲蔡邕，是曹操的恩师兼朋友。曹操也很欣赏蔡邕的才华。汉末大乱，在军阀混战中，蔡文姬与许多被掳的妇女一起被带到南匈奴，文姬后来嫁给了左贤王，受尽了凄苦和屈辱。曹操后来在得知恩师唯一的女儿被掠到南匈奴一事后，立即派使者携黄金千两、白璧一双前去把文姬赎了回来。文姬回来后，曹操看她一个人孤苦伶仃，又张罗着给文姬选夫君，就是在赤壁之战的紧急关头，曹操依然没有忘记文姬的婚事。

对恩师的女儿，曹操就像对自己的女儿一样，那对待恩师呢？不管是蔡邕还是乔玄，曹操都爱到骨髓里，爱到坟墓里。

乔玄死后，曹操果然按照乔玄生前的嘱咐，在他的坟前举行了一个盛大的祭祀仪式，而且还是以“太牢”的标准。

太牢即古代帝王祭祀社稷时，牛、羊、猪三牲全备为“太牢”。《礼记》中太牢指的是大牢。古代祭祀有太牢、少牢两个等级。少牢只有羊、猪，没有牛。由于祭祀者和祭祀对象不同，其规格也有所区别，天子祭祀社稷用太牢，诸侯祭祀用少牢。

《三国志·武帝纪》裴松之注“褒赏令载公祀文”曰：“故太尉乔公，诞敷明德，泛爱博容……又承从容约誓之言：‘殂逝之后，路有经由，不以斗酒只鸡过相沃酹，车过三步，腹痛勿怪！’虽临时戏笑之言，非至亲之笃好，胡肯为此辞乎？……”

是啊，如果不是关系特别亲近，谁会说出这样的话呢？我们来看看曹操路过乔玄坟前所发表的悼词——

乔公啊，您品德高尚，仁爱宽容。国家感念您的训诫，读书人缅怀您的教诲。您的在天之灵，我们缅怀不止！

我年轻时候就去过您的府上，那时以顽劣的品质，接受您的会见。您对我褒奖称赞，就像孔子称赞自己不如颜渊，李生赞叹贾复。士为知己者死，乔恩师啊！我一直都记着你这句话啊！

想想我们当时的誓约——我死之后，你若有事从这里经过，如果不拿一斗酒一只鸡来祭奠我，车马过去三步以后，你要是肚子疼也请不要怨我。虽然只是一句开玩笑的话，但如果不是关系密切，怎么会说出来这样的话呢？

怀念旧事，想起来就感觉凄怆。如今我奉命东征，驻扎在乡里，向北望着土地，心思却在您的陵墓上。所以用薄礼祭奠您，愿您享用！

曹操与乔玄的私情有多深？有多真？从这篇悼词中就可以看得出。

在中国几千年的历史上，像乔玄这样的伯乐不少，像曹操这样的千里马也不少。但这样的悼词却只有两例，第一个是曹操悼乔玄，第二个是曹丕悼王粲（在王粲墓前学驴叫）。曹操和曹丕这种颇带滑稽色彩的悼念行为，充分说明了曹操与乔玄，曹丕与建安七子之间这种很特别的感情。

人生得一知己足矣！曹操一生活了六十六岁，他在亲生父亲面前估计也极少表露过自己的这种真性情和真洒脱。曹操一生能有一位这样的“蓝颜知己”真是三生有幸也！曹操与乔玄的故事，一不小心成了千古美谈。真不知是曹操“广告”了乔玄，还是乔玄“成就”了曹操。

关于乔玄与曹操的这段佳话，无论导演和小说家怎么“演义”都不为过。因为，这段佳话不但《三国志》中有明确的记载，在民间也流传至今，并被传遍天下。而且，这个史实经得起任何考证。

为了对得起乔玄当初那个“安天下”的点评，曹操用自己一生的努力来作证。隐居时，他在家“修身”；走出来，他在外“治世”。一步步，他从小混混直到把自己修炼成一代军事家、政治家、文学家。

7 今生最得意的笑

曹操说，天下英雄就他与刘备两个人。弦外之音——能与他争雄的只有刘备一个人。这是《三国志》里的话，不是《三国演义》凭空而来的杜撰。如果曹操觉得自己是英雄，这还不是他最得意的事。他最得意的是——许劭也说他是英雄！

如果说对曹操一生影响最大的一个人是乔玄，那么，对曹操一生影响最大的一句话应该算是许劭的那句千古绝评了——君清平之奸贼，乱世之英雄。

这许劭是何许人也？字子将，今河南平舆人。他是当时大家公认的点评人物的头号专家。

这人派头很大，每月初一点评一次。别的时间不点评，什么来头的人物也不行。在汉末众多的点评师里，许劭算是比较牛气的。因他每月点评一次，所以他的点评又号称“月旦评”。

在开评之日，许劭家门庭若市，车盖如云。这车盖，就像今天的小轿车一样，坐此车的人也都是“宝马、奥迪、奔驰”一级的人物。

那时，只要许劭的评语一出来，全国没几个人不知道的。这评语往往会风闻于中原的大小城市，那势头不亚于现在中央电视台和《人民日报》的宣传效果。曹操要想成就一番帝业，不去找他点评看来是不行的。胸怀大志者，必须先有点“名气”，这是那个时代的共识，也是炒作的原理。

曹操这一生，不管走到哪里他都忘不了这句话。关于这句话，不同时代、不同行业、不同文化层次的人有不同的理解和猜测。我们来看看曹操当初是如何斗胆去找许劭许子将的。

某月初一，曹操去见许劭，“卑辞厚礼”，也就是他带了很多贵重的礼物，毕恭毕敬地来到了许劭这儿。

许劭瞥他一眼：“是乔玄先生让你来的吧？”

曹操躬身回答：“是。”

许劭说：“乔玄安贫守道，世之高士耳。”

曹操很恐慌地问道：“先生，我何许人也？”

许劭不答。

为什么不答？接下来故事会如何发展？正史、野史等各种版本的记载都不一样了。

与《史记》《汉书》《三国志》合称“前四史”的《后汉书》记载，“曹操微时，常卑辞厚礼，求为己目。劭鄙其人而不肯对，操乃伺隙胁劭，劭不得已，曰：‘君清平之奸贼，乱世之英雄。’操大悦而去。”

也就是说曹操在不得志没成名时，曾经备了厚礼很谦逊地去求许劭为他点评。许劭看不起他，不肯说，曹操找了个空子威胁许劭，许劭不得已，说："你是清平之世的奸贼，乱世里的英雄。"曹操极为高兴地走了。

孙盛《异同杂语》云："尝问许子将：'我何如人？'子将不答。固问之，子将曰：'子治世之能臣，乱世之奸雄。'太祖大笑。"

不管是罗贯中在文学作品《三国演义》中，还是范晔在重要史籍《后汉书·许劭传》中，抑或是孙盛在《异同杂语》中，都曾提到一个共同的意思，那就是——曹操哈哈大笑！很高兴！也可能高兴得几个昼夜都睡不着觉。

不过这也是常理之中的事。许劭这一句话，岂止是字字千金？可以

曹操像

说字字都是无价之宝，是曹操旋入政治舞台中心的一把尚方宝剑和万能钥匙。

曹操就是奋斗几年也不一定能把名气打造得这么响亮啊。如果是在今天，曹操这个“乱世英雄”的品牌，若能在历史的长河中打造成功的话，那他还不知要花费多少广告费呢。

你说他怎能不哈哈大笑呢?

许劭的这句点评，让曹操从表面笑到心底！皮笑，肉笑，心更笑！

这一笑，恐怕是曹操今生最得意的一笑了。为什么这么说，不比不知道，一比吓一跳，当然曹操的笑容也是。

那个连幼儿园的小朋友都知道的孔融，曾经对曹操一次又一次地嘲笑。面对这样的嘲笑，面对孔融那鼎鼎的大名，曹操在最初报以宽容的一笑。可是，这个笑容太勉强了。当孔融的嘲笑接二连三，曹操的怒火也一点点升级，对孔融的笑里已经藏了一把刀。

其实，他也不愿意做一个笑里藏刀的人，但他想给人民一个统一的太平天下。孔融统一不了，却一次次拿他最见不得人的事开涮。作为一个国家最高层的领导，怎么会任其这样让自己颜面扫地呢?

从赤壁之战的战场上败退，他依旧是面带微笑地给将士们上兵法和心理课。但是，只有他自己知道，他是多么的心痛，这笑容有多么的违心。可作为一个最高统帅，面对惨败的战争结果，他必须自己先坚强起来，非常乐观地去面对他的将士们。

在《三国演义》这部戏里，我们看到刘备一直不停地在哭，给人的感觉仿佛是——刘备这个盗版的皇帝只会哭，整天哭哭啼啼的像个女人。不是有句歇后语还说“刘备的江山——哭出来的”嘛！而曹操却是不停地在笑，不管是在现实中还是在小说中。

曹操为什么这么高兴呢？作为一个官二代兼富二代，他一直在高处俯视对手，当然他的参照物只是贫二代刘备。对比“四世三公”的袁绍，估计他的笑容就没有那么高傲了。但是，当他听了许劭对自己的点评之后，即使是面对袁绍，他依然是昂头挺胸，非常自信地哈哈大笑。

曹操的笑，不是一般的笑，正如刘备的哭，也不是一般的哭一样。后人曾说，曹操的天下是笑来的，刘备的天下是哭来的。我们都知道，曹操的军事谋略、容人肚量、惜才如金；刘备的小心谨慎、宽厚仁德、重情重义，是他们成就霸业的根基所在。不过，曹操的笑对他事业的发展的确有着积极的因素。

作为一个政治家，你必须学会千百种笑的表情，也必须知道千百种笑容背后的不同意义、不同目的、不同倾向。曹操一生笑过无数次，这笑容里也有千百种表情。但在他的千百种不同表情的笑容里，最得意的笑，毫无疑问就是听到许劭对自己的评价了。

《世说新语》载：“（桥）玄谓太祖曰：‘君未有名，可交许子将。’太祖乃造子将，子将纳焉，由是知名。”从“君未有名”到“由是知名”，这就是许劭为曹操制造舆论所形成的结果。这一次，曹操不仅被宣传了一个时代，也被宣传了整部历史，还有整个星球。曹操不仅仅在三国时代闻名天下，在三国以后的每个朝代也都颇受争议，一直到今天曹操高陵的发现，曹操被再一次推到舆论的顶峰。

曹操这个笑星出来晒太阳了，许多国外媒体也都一起跟进来凑热闹，这等世界级的曝光率实在罕见。

英国路透社认为，曹操是东汉时期最后一位操盘手，是他在三国鼎立、世事纷乱之时建立了自己的国家。

法新社对曹操的界定用了多个形容词，称他是中国“古代的”“传奇的”将军。他的手段虽然残忍，但他是一个军事天才。

加拿大广播公司说，曹操是中国三世纪的一个“军阀”统治者，他因残酷而得名，这个“狡猾的战术家”曾经为了取胜而不择手段。

英国《每日电讯报》说，曹操是“臭名昭著的将军”，他们的根据是中国有句古语“说曹操，曹操就到”！在英文中是指魔鬼的意思。

韩国媒体对曹操颇有好感，并指出曹操虽然在中国历史上评价不高，但他“无疑是历史的胜者”，懂得如何在乱世和治世中有区别地行事。

为此，曹操不但红遍了中国，也红遍了大半个世界。

“清平之奸贼，乱世之英雄”“治世之能臣，乱世之奸雄”，奸贼也好，英雄也罢，能臣也好，奸雄也罢。许劭被威胁也好，心甘情愿也罢。总之，曹操明白了许劭的意思，也明白了自己奋斗的方向。

曹操的一生，不管走到哪里，都离不开乔玄和许劭这两位一级功臣。如果不是他们当初的那一句“广告词”，如果他们都像宗承一样对曹操不屑一顾，那么，曹操这一生恐怕只有哭了，更谈不上得意的笑。

名士一句话，英雄一生路，历史一片天。曹操的这一声笑，真可谓是从自己的心空一直灿烂到了历史的天空。

8 宵禁令禁住了谁

在洛阳北部尉这个职位上，曹操放了仕途上的第一把火。这一把火烧了谁呢？也许更应该说，谁这么不长眼撞到了曹操的火把上呢？——当朝皇上最宠爱的太监蹇（jiǎn）硕的叔叔蹇图。

曹操为什么烧他？这事还要从“宵禁令”，以及曹操这个人和这个职位说起。

公元 174 年，二十岁的曹操被举为孝廉。起初，他做了一段时间的侍卫。侍卫这个郎官，一般都是皇帝从亲贵子弟当中挑选出来的，大家认为道德品质、思想表现和外部形象比较好的年轻人。这也是汉代培养干部的一种方式，是走向仕途的一个资格和阅历。

当上了这个郎官，也就意味着他向仕途迈出了第一步。再加上曹操朝中有人，祖父曹腾曾是皇上信任的宦官，父亲曹嵩也在朝中做高官，所以，没过多久，曹操就被任命为洛阳北部尉。

曹操被任命为洛阳北部尉这件事，在朝廷中引起了很大的轰动。朝中大臣议论纷纷。有人说，这是他的爷爷曹腾在背后迫使皇帝做出的决定。也有人说，这是他的父亲曹嵩在暗中用钱打通了关节。其实，说爷爷在背后帮孙子，这种可能性不大。要知道，汉灵帝时曹腾已经退休或者去西天了。但不管怎样，曹操是当上这个官了。

当时，很多人都为曹操捏着一把汗——他一个初来乍到的新手，如何能担当此要职呢?

可反过来想想，曹操怎么就不可以当呢?要知道，父亲曹嵩可是曾经的司隶校尉，也就是监督京师和京城周边地方的监察官，权力很大。而现在任职的司隶校尉可能就是曹嵩曾经的下属。那么，把曹操安排在这么一个职位上，应该说也在情理之中。

要说，北部尉这个官职并不大，仅仅是一个负责治安管理的小官员而已。可是，这里是京城洛阳啊!

洛阳，是东汉王朝的首都所在，一个王朝的心脏。这么推算，北部尉也就成了一个具有实权的职位。京师之内，除去皇宫所在的中区，其余东、南、西、北四部尉都是令人垂涎的要职。但是，越是要职责任就越重大，曹操能干好这份工作吗?

洛阳北部尉到底是一个什么样的官职呢?在今天来说，它就相当于现在北京市某区的一个公安分局局长，其职责主要是负责首都洛阳北部的治安工作。

这个职务，不是一般人能担任的。当时的洛阳相当于现在的北京，这里的人，离皇帝的血缘都不远，谁敢去招惹他们呢?横行霸道，无视王法，从来就是他们一贯的德行。在这里搞“公安”，说句实在话，比

洛阳古城

当一个外地的省长都难。

不管别人怎么说，但曹操不去想太多，他直接就去任职了。曹操的直接下属并不太多，一共才三十几个人。中国有句俗语——新官上任三把火，当然曹操也不例外，他决意要把自己的第一份公职干好。

曹操上任后第一件事就是让手下整理朝廷法令，挑选一些与自己责任有关的，在府衙外辖区的各个街角进行张贴明示。在这些法令当中，其中最重要的一条就是“宵禁令”。

所谓“宵禁令”，就是朝廷很久以前为了避免夜间有人作奸犯科，禁止闲杂人等在晚间出来行动的一条法令。这是上一朝皇帝在战乱时期为了稳定京师秩序，维护治安而制定的。

可是，这条“宵禁令”自制定以来，从来就没有被真正执行过，而是一直躺在办公室的文件堆里睡大觉。可见皇上多长时间不理朝政了。如今，这沉睡很久的法令却被曹操翻出来公布执行，能那么顺利吗？

皇帝都不在乎京师的安全了，曹操这样做是不是太负责了？曹操手下的人多次规劝曹操不要执行了，可他依然故我。下属见曹操的态度如此坚决，也就冷笑着不说话了。连老员工都不吭声了，看来这里面的问题很复杂。

紧接着，曹操在这些整理出来的法令之后还特地加上了一条——违令者杀！

这一下把他的下属都吓坏了：这位大人看来不只是个什么都不懂的愣头青啊，他还是一个不知死活的傻瓜！违令者杀，是能随便说说的话吗？

这北部尉的辖区之内，有多少皇亲国戚，王侯贵族，高官巨富？哪一个是他小小的北部尉能惹得起的？再说了，北部尉说白了就是给这些人看门的一条狗。“狗”要反过来咬主人，还要不要命了？

曹操的下属虽然心里面一千个一万个不同意，但还是不敢明明白白地说出来。这些法令真要执行下去，曹操没命了不要紧，他们这些当差的可都要跟着倒霉了。下属们在心里大骂曹操：你一个人疯也就算了，还拉着我们一起疯！我们的命虽然不值钱，但也不想白白的丢了啊！

于是，曹操的手下们开始劝说，“局长”大人啊，你先设个执行期限，让大家有个熟悉的过程，在试行法令期间，减轻责罚；等试行期过了，再严厉执行，重责重罚。您看这方法如何呢？

要说曹操不好说话吧也不是，属下们这么一说，他也就答应了。曹操答应把法令的试行期定为一个月。试行这段时间内，若有人违反禁令，罚银一百两。

下属们多么渴望试行期长点，再长点，最好是无限期地试行下去，让曹操明白官场的险恶，最后放弃这种不切实际的幻想。不过，既然曹操退了一步，他们也只好作罢。

宵禁令第二步如何走呢？曹操将这些下属聚集起来，重新制定纪律。按他的要求，这些下属将每两人组成一个小组，全天不间断地围着辖区进行巡逻。

这可苦了这帮当惯了闲差的下属们，从来没有一任官员如此严格地要求他们，他们早已忘却了巡逻是个什么玩意儿。但是，曹操非要让他们想起来不可，而且巡逻这工作还必须踏踏实实地干下去。让属下无奈的是，那些有深厚背景的公子哥，照样为非作歹。谁敢去抓呢？在这些下属眼里，曹操就是拿鸡毛当令箭！这不是折腾人吗？

不过，折腾归折腾，曹操的命令，他们依然要执行。虽然属下们百般的不情愿，但还是开始了难得一遇的巡逻行动。

属下们去巡逻，曹操开始忙另一件大事情了——重新装饰洛阳北部尉衙门。

为什么？他觉得现在的衙门太过寒酸，没有衙门应有的气派，不足以显示出衙门该有的气势来。这宵禁令之所以执行不下去，这“破衙门”也脱不了干系。如今他来了，这衙门从里到外就要翻新一遍。

自从曹操上任的那一天起，从这个破败不堪的衙门中，他已经对以往的局长们猜了个八九不离十——这帮家伙纯粹就一群吃才！肚子吃得一个比一个圆，脑袋却一个比一个扁。也许这扁脑袋也不蠢，只是这聪明劲儿用到吃上了，用到贪污上了。这帮鸟人，自己的办公室都没有打扫干净，又何以扫干净洛阳的整个北部呢？

曹操给属下说了翻修自家门面这件事，但下属告诉他：“我们衙门哪还有什么钱财啊？上一任的北部尉大人临走时，将仅有的财物都席卷一空了。”曹操对此感到非常意外。他认为，每年给衙门的拨款，没装饰这破烂不堪的院落，应该还有不少剩余的钱。没想到，该卷走的卷走了，该分的分了，给他剩下了这么一副烂摊子。

事实如此，可门面依然要整修。于是，曹操就去向上级申请拨款，装饰衙门。北部尉的上级是洛阳令，看在曹腾和曹嵩在朝中的势力的分上，曹操得到了装饰衙门所需要的全部款项。这一下，属下们对曹操果然高看了几眼。

申请的款项到了，衙门遂开始装饰。门前那两只巨大的石狮，衬托出了衙门的无比威武。这装饰过的衙门，果然面貌一新。高悬在衙门口的大匾，让人远远便能瞧出，这是与众不同的地方。这里又换人了，还换了一个不一般的人物。

等衙门装饰好了，“宵禁令”的试行期也到了。几乎洛阳城北部所有的眼睛都在盯着曹操。看这个毛头小子如何杀违令者。

虽然年纪不大，但曹操并没有像过去的绝大多数官员一样——拍脑袋决策，拍胸脯保证，拍屁股走人。相反，他要大干一场，不达目的决不罢休。他还特意制造了几根五色大棒，挂在衙门两边。然后自己就坐在衙门里，准备审案子。

这衙门果然就真的来了个不怕死的！——当朝皇上最宠爱的宦官蹇硕的叔叔蹇图来了！

蹇图公然违反宵禁令，晚上喝醉了酒还在大街上到处游荡，而且还干了一些见不得人的勾当。

这个“针尖”，还真的与曹操这个“麦芒”干上了！一不做，二不休。曹操拿太监开刀是非常过瘾的，仿佛出了一口十年八年憋在胸中的恶气。这也叫冤家路窄吧。曹操有后台，干这事儿要的就是轰动效应，他是决不做无名小辈的。不过，曹操行事也有掂量。

新官上任！曹操是非要大烧一把不可的。

蹇图被曹操的手下抓了进来。好戏就开始了。

曹操升堂问："蹇图，你知罪吗？"

蹇图说："我知道自己犯了宵禁令。"

这一问一答还算顺利。可是，接下来当曹操问蹇图知道该如何惩罚时，蹇图便不再配合了。

蹇图说："这个事要不你问问我侄子。"

曹操说："你侄子是谁？"

蹇图以一副满不在乎的样子回答："蹇硕呀！"

蹇硕是谁？——当朝皇上最宠爱的宦官！

这下有麻烦了，可曹操却不觉得。你犯了宵禁令，这与你侄子有什么鸟关系啊？我只认法律不认人。于是，派手下的人把这个当时最牛的宦官的叔叔在堂下当场乱棍打死。

这事在《三国志》裴松之注引《曹瞒传》中有明确记载："太祖初入尉廨，缮治四门。造五色棒，县门左右各十馀枚，有犯禁，不避豪强，皆棒杀之。后数月，灵帝爱幸小黄门蹇硕叔父夜行，即杀之。京师敛迹，莫敢犯者。"

蹇硕的反应如曹操事前所料，在宫里大闹一通。但皇帝也只是下令把曹操赶出了京城洛阳而已。走就走呗，有什么大不了的，爷正不想在这给你们当看家狗呢。此处不留爷，爷多的是去处。

在官场上，绝大部分人都是和稀泥、谈理论的高手，棱角分明且干实事的人极少。曹操正好就是这极少数人中的一员。

一入官场，他便总想着要做点事情。结果事是做了，做完事他人也被赶走了。

曹操这一棒，几乎打得所有的人都目瞪口呆。大家想不通啊，这个二十岁的小伙子这样做到底是为了什么。

谁都知道一个年轻人刚刚走入官场就得罪权贵，是没有好下场的。这个道理难道曹操他不懂？蹇图是蹇硕的叔叔，这个关系难道曹操他不知道？

不过有一点是可以肯定的，曹操虽然离开了洛阳，但他的名气却远近闻名了！一个二十来岁的毛头小子，乱棍打死了皇上最宠爱的宦官蹇硕的叔叔。这个“广告效应”对曹操的出名是太好不过了。

第一把火，他在自己仕途的起点成功地烧起来了。功必赏、过必罚，曹操把京城治安管理得井井有条，他卓越的政治才华让父亲也开始刮目相看了。

宵禁令“禁”住了谁？当朝天子知道，太监知道，京城的皇亲国戚和达官权贵知道。当然，曹操也知道……可是这又如何呢？大不了他与违令者一起被“禁”，但他在被禁之前痛快地过了一把放手大干的瘾。

9 一封封举报信

蹇硕的叔父被打死后，皇帝身边的亲近宠臣都很忌恨曹操，但人家是正常执法他们也无奈。于是，这些人都一致建议皇帝把曹操赶出洛阳。

那么，被赶出了洛阳的曹操，去了哪里呢？又去干什么了呢？——他被贬到京城几百里之外的顿丘县（今河南清丰县西南）当县长去了。只是，顿丘县的县长没当多久，这位每日与竹简做伴的学问家，又“以能明古学，复征拜议郎”。议郎，是一个几品官儿呢？说白了相当于现在的一个顾问，在当时的工资是六百石。

这个薪水的确不多，不过曹操也不在乎这些，就是不要工资他爹曹嵩也能养得起他，他最在乎的是这份工作的性质和职责。有些官员视议郎为闲职，说这些人拿着俸禄不干事。而曹操却不，他不但不闲着，还借助这个闲职大干特干。

怎么干？专找皇上宠爱的大太监和朝廷三公说事，揭发他们种种罪行的信件一封接着一封出现在皇帝的桌案上。其实，曹操这样做，也不是没有缘由的，我们来看看发生在当时的一个故事。

一个叫司马直的人被任命为巨鹿太守，按说这是件好事。但是，对于司马直来说，这却是一场灾难。为什么？因为这是被卖官！果然委任状一到，朝廷毫不含蓄地向他伸手了。

朝廷：拿钱来！

司马直：我哪儿有钱？我是个清官！

朝廷：知道你生活困难，减免三百万，交吧。

司马直：我实在交不起，这个官我不做了行不？

朝廷：那不行，你不能辞官！

司马直没办法，只好在上任的路上自杀了。临终前写下一份遗书，痛斥朝廷卖官的行为。一个国家发展到这等地步，皇帝也确实该下课了。这样的事，这样的帝国制度，这样的公开买卖，就是找遍整个亚洲，又有几个呢？

不过司马直是白死了！因为他死了以后不但地球照样转，而且卖官现象更是变本加厉了。这不是空穴来风，而是有史为证。我们来看看《三国志·武帝纪》裴松之注王沈《魏书》中的记载——

先是大将军窦武、太傅陈蕃谋诛阉官，反为所害。太祖上书陈武等正直而见陷害，奸邪盈朝，善人壅塞，其言甚切；灵帝不能用。是后诏书敕三府：举奏州县政理无效，民为作谣言者免罢之。三公倾邪，皆希世见诏用，货赂并行，强者为怨，不见举奏，弱者守道，多被陷毁。太祖疾之。是岁以灾异博问得失，因此复上书切谏，说三公所举奏专回避贵戚之意。奏上，天子感悟，以示三府责让之，诸以谣言征者皆拜议郎。

是后政教日乱，豪猾益炽，多所摧毁；太祖知不可匡正，遂不复献言。

在司马直之前，官职明码实价，价格昂贵，但所卖的多是低级闲差，而且收入归国库。尽管很多人知道卖官并不是正途，还是挤破头皮往里钻。

到东汉灵帝时，卖官行为更加猖狂。不仅各级官位均可买卖，而且，价格还因人浮动。如果买官者贫困，一时拿不出那么多钱，朝廷还可以赊，等人就职后再加倍地偿还。

从司马直身上，我们看到了比这更严重的事实。司马直本来是不愿意做这个官的，可朝廷硬逼迫着卖给他。

那个时候，不像现在，天下之大，却没有一个可以说理的地方。一两个清官的死，是引不起人民大众高度重视的，更别说朝廷了。再说，这事本来就是朝廷干的啊。要说理，也只有到阎王爷的鬼法庭里去说了。

别说别人了，曹操自己的亲生父亲曹嵩，这太尉的官职也是花钱买的。在东汉末年，他趁着朝中“花钱捐官制度”的东风，自己也花去万金“捐”了太尉一职。太尉的官职仅次于大将军，曹嵩由此达到了自己政治生涯的最高峰。人们常说“生子当如曹操，养子当如巨高（曹嵩字）”。这话看来说得的确够实在的。

曹腾是个有名的清廉之官，而养子曹嵩就不一样了。曹嵩因权导利，不仅使曹家富甲一方，也使曹家光宗耀祖，出了个太尉级的人物。曹家富了，曹操不愁吃穿了，也有更多的时间和精力去揭露贪官了……

太监的嚣张气焰，太监的敛财弄权，已经引起了朝中文武百官的无比愤怒。三公也是腐败到了极点，上下骂声一片。老百姓对三公的愤恨，不亚于对宦官的仇视。这一点，曹操也是知道的。

当上顾问之后，曹操就开始出手了，而且一次比一次狠，因为，没有轰动效应的事，曹操是不会干的。谁说顾问是闲职，拿着俸禄不干事？曹操偏偏要让这些凡夫俗子见识见识，看看这位身居闲职的人到底天天在忙些什么！

曹操是个立志要干一番事业的人，而且还要干得轰轰烈烈，当然流芳百世更好。所以，这个机会对于曹操来说，简直是雪中送炭——太及时了！

于是，曹操整日忙于上书朝廷，猛攻几个太监的淫威恶行。一次不行两次，两次不行三次。总之，他要让当今皇上清醒过来，别日日沉睡在自我编织的美梦中，好好整治一下那些祸国殃民的太监。

令人失望的是——皇帝听不到。他身边的高级顾问多如牛毛，食禄仅六百石的曹操算啥呢？总之，曹操的“治国良方”总是被蔑视，但曹操依然不放弃。

要说曹操专挑太监的刺儿，总是和太监过不去，也并非如此。他是针对亡国的“细菌”和“病毒”！一旦这些病源被传染出去，那么，周围被感染的人群就是横向一大片，竖向一大串。有时候，它们甚至比社会的寄生虫繁殖得还快。

一户平民百姓家屋顶上的房梁被腐蚀，这问题还不算大，可一个国家的房梁被腐蚀，那问题就严重了。因为，这是皇家、国家的灭顶之灾！

后来，当曹操攻击太监的上书一次次石沉大海时，他又开始了一个更大的举动。那就是专挑大人物作对手，以“愤青”的姿态屡屡上书，指斥“三公”的腐败行径。

“三公”何许人也？如果说皇帝是山中的老虎，那么，他们就相当于老虎的屁股。这些人是动不得的。谁敢拿这些人开刀，绝对是吃了豹子胆了。

为什么？先看看这些人都是干什么的。

丞相：一国总理，辅佐皇帝治理天下的；

御史大夫：总检察长，负责监察百官的；

太尉：三军司令，主持军事的。

这可是中国古代朝廷中最尊贵的三个官职，中央政府的高级官员！哪一个都比曹操牛得多，曹操敢拿他们说事——够英雄！

好人不得好报，有才能的人能力却得不到施展，这天下倒成了恶人的了。曹操这眼里容不得沙子的人当然愤恨。他又拿有着太多猫腻的异常自然灾害来博问得失。于是，曹操再一次上书切谏，说三公的举奏有专门回避贵族、国戚之嫌疑。

曹操的这道奏章呈上后，天子有所感悟，于是就“以示三府责让之”“诸以谣言徵者皆拜议郎”，但此后的整个官场风气依旧是一天比一天恶化。

这个时候，曹操不仅仅是感觉到他在官场上混不下去了，而且他也很深刻地意识到，大汉王朝已江河日下。这个政权已经行将就木，他做任何努力都无济于事。于是，他不再继续上书，不再建言献策。面对暗无天日的朝廷，他揭露不过来。而且，再这样下去，很可能会给自己招来横祸。

曹操把官场和朝廷都看透了，他不再盯着社会的黑暗面说事了，也不再提任何意见，不再担任任何官职。

其实，想想也是，一个食禄六百石的议郎，去找三公的差错，这不是“蚍蜉撼大树”吗？可是，曹操自有他的目的——依靠自己才干和学问为国家和人民做点事。

在替国家和人民做事的同时，曹操也得到了相应的回报，那就是他的名气又得以提高了几个指数。不过，他也不是纯粹地为炒作而去炒作。他只是巧妙地把广告学和政治学结合在一起灵活应用了一下。当然，靠骂大人物出名的名人太多了，如果说曹操没有一点这样的嫌疑，这似乎也说不过去。

曹操的这个举动说来是很有意思的，也是历史中一个很精彩的片段。只可惜，罗贯中没写进《三国演义》里，这实乃一大遗憾。后来，毛宗岗父子没把这一点补充进演义里，也很是让人惋惜。

大汉被三国分裂，实际上，那就是从太监专权和三公腐败开始的。尽管曹操这个小人物向朝廷揭发他们的信件一封接一封，但还是没能把这不正之风给扭转过来。也许，这不是皇帝一个人的错，的确是到了一个岁末——到了一个大人物与小人物转换角色的时代……

⑩ 弃文从武为哪般

皇权危急之时，武官身价看涨。作为文武双全的曹操，他既能读书写诗，又能带兵打仗。当历史的车轮走进一片废墟和沼泽，当朝廷上下乱作一团，当人民百姓的白骨遍布原野……在这个动乱得不能再乱的年代，那个一心想雄霸天下的乱世英雄曹操，将会何去何从呢?

我们先看看这究竟是一个怎样的乱世。读读汉朝这段历史可以发现，汉桓帝留下的是一个千疮百孔的社会。外戚跃跃欲试地准备统理朝政，宦官虎视眈眈地觊觎着皇权，士人的不平之鸣，遍野的饥民之声，合奏成一曲悲哀的末世之歌。

汉灵帝刘宏即位后，汉王朝政治已经十分腐败了。旱灾、水灾、蝗灾等灾祸泛滥，四处怨声载道，百姓民不聊生，国势进一步衰落。宦官派与外戚派的夺权，致使不少正义的太学生惨死狱中，造成第二次党锢之祸。

昏庸荒淫的汉灵帝，除了整日沉醉于酒色之外，还宠坏了一批宦官。他公然尊张让等人为“十常侍”，并常说“张常侍乃我父、赵常侍乃我母”。宦官也依仗着皇帝的宠幸大肆搜刮民脂民膏，对百姓勒索钱财，恶事干尽，坏事干绝。对于皇帝的昏庸和官吏的腐败，人民终于忍无可忍。

《三国志·武帝纪》载，“光和末，黄巾起。（曹操）拜骑都尉，讨颍川贼。”

公元 184 年，巨鹿人张角兄弟三人终于以“苍天已死，黄天当立，岁在甲子，天下大吉”为名，发动了一场规模宏大的起义，黄巾军于冀州、颍川、南阳“三十六万同日起”，矛头直指洛阳。

在这之前，曹操还是一个文官，经常上书朝廷，不是攻击作恶多端的太监就是揭露位居要位的三公。那个时候，他还是靠笔杆子吃饭的。自从黄巾起义爆发后，曹操的生存工具由笔杆子变为枪杆子。

公元 185 年，这一年曹操三十岁。在父亲曹嵩的疏通下，汉灵帝下达任命书，让曹操出任骑都尉。于是曹操在颍川一带（今河南禹州市）开始了镇压黄巾起义军的生涯。

乱世，这是一个出英雄的时代。曹操当然也会借助它不停地显露自己的才干和才华。朝廷调兵遣将去镇压黄巾军，曹操立即从文官跳到武官，升为骑都尉，朝廷把工资给他开到两千石。其实，当年他爷爷曹腾做到宦官的最高级别大长秋时，也是拿这么多的工资。与他做文官时的薪水相比，已经翻了三倍多。

曹操这一跳，真是适逢其时！在这个关键时刻，不但朝廷需要他，人民也需要他，整个国家的前途和未来可能都要看他这类人的举动了。

这次“黄巾之乱”所向披靡，给病入膏肓的东汉王朝以沉重打击。后来黄巾军虽然被朝廷镇压下去了，但是它的影响极大。从此，东汉其实已经名存实亡，差不多只剩下一个外壳。这对曹操来说，究竟是利是弊呢？一时还说不清，这仍需要静观形势的变化。

公元189年，汉灵帝在人民的一片怨声中结束了他短暂的一生，社会又进入到一个更加混乱的阶段。曹操呢？许劭不是说他是乱世英雄吗？

汉灵帝死后，曹操弃文从武，开始真正地投身乱世，以“乱”对乱。不过，他的“混乱”，也许与这个即将到来的时代的混乱是“合拍”的。

时代怎么乱，曹操就怎么“乱”。当然也只有这样，才有利于他去识别乱相和捕捉乱世的各种表征。他也必须在这个基础上，才能更好地朝着治世的方向作出有效的努力。

这是一个多么好的崭露头角的机会啊！他可以利用自己文武兼修的优势从而实现名利双收的目的！不但工资涨了，自己作为一个武将的能力也得到了充分施展的空间。

理想果真如愿。曹操参与镇压黄巾起义，为朝廷立了大功，被提升为济南国的国相。在济南国任职三年，曹操把那帮贪官污吏狠狠地整治了一下。他又过了一把玩弄权贵的瘾，自己的手脚也得到了大胆的舒展。

乱世这个千载难逢的机会，仿佛就是给曹操准备的。曹操虽出身尴尬，但他文武双全，有胆识、有魄力、有雄心、有壮志，他还有巨大的号召力。也只有他这样的人才，才能够在乱世混得如鱼得水、游刃有余。

这个乱世的到来，差不多就等于给曹操这匹千里马提供了一个可以尽情驰骋的草原，给曹操这只雄鹰提供了一个尽情飞翔的蓝天。

在位时，曹操利用手中的权力大显身手，替人民除恶扬善；隐退时，那一片幽静的蓝天下、碧水上，依然不能稳定住他那一颗怦怦跳动的救国之心。

在乱世，他弃文从武；在清平，他弃武从文。

时代的弄潮儿，他弄潮的前提是洞悉潮水起伏的规律。古今收拾乱局者，自身还真得有“乱”的功夫。曹操有“乱”世的功夫，但他“治”世的本领更在其上。否则，乔玄不会认为“天下将乱，安民生者，其在君乎”！

曹操真正的显露头角，应该说是镇压黄巾起义军。这一跳，他终于跳到了皇帝的视线里，不再像那一封封石沉大海的、写给皇帝的揭露太监和三公的书信。

从此，不但世人知道了曹操的才干，皇帝也知道了。属于曹操的那一道“政治曙光”终于等来了。

其实，曹操的如意算盘打得很精细。在弃文从武之前，“皇帝”这个职位的诱惑，早已跳入了他的心中，而不仅仅是视线……

这是在向那个最终的目标靠近的一个关键时刻，也是宣传自己的一个绝佳机会，他岂肯轻易错过？

这一次，曹操终于能够向皇帝和世人证明——他曹操不但诗写得好，而且仗也打得很好！

曹操那双锐利的眼睛！总能够看穿时代风云的变幻。就是放到现在来说，那也不是一个三十岁的青年所能够做到的。曹操这一从文到武的“人生转折”，让我们看出了一个极其富有戏剧性的人生。

人生如戏，曹操也是一个凡人，他只是在努力去实现着一个凡人所能实现的非凡梦想。

站在不同的角度去看，“黄巾军”和“曹操”都是一个褒贬参半的名词，但一个被“镇压”了，一个却被“成就”了……

11 撤活人的职

作为一个市的一把手，撤活人的职那是再正常不过的事。但是，如果你手下有十多个县长，被你一下子撤掉了八个，这就不是常人所为了。

既然有人这样干了，那这个人肯定来头不小。什么来头？——天不怕地不怕的青年曹操。

是啊，为镇压黄巾起义他立下了汗马功劳，怎么也得提拔个市长给干干吧。朝廷这次也确实够意思了一回——因参与镇压黄巾起义有功，曹操被提升为济南国相。

《三国志 · 武帝纪》载：“迁为济南相，国有十余县，长吏多阿附贵戚，赃污狼藉，于是奏免其八；禁断淫祀，奸宄逃窜，郡界肃然。”

接着，《三国志·武帝纪》裴松之注王沈《魏书》又载：“长吏受取贪饕，依倚贵势，历前相不见举；闻太祖至，咸皆举免，小大震怖，奸宄遁逃，窜入他郡。政教大行，一郡清平。”

由此看来，济南国又成了曹操仕途上一个重要的政治舞台。济南国当时属青州地盘，官场上下也是乱作一团糟。但既然被任命为济南国相了，曹操就大刀阔斧地行使起自己的职权来。

济南国十余县的高级官员，大多与朝廷官员有些牵连。换句话说，一些朝廷贵戚有不少收受过济南国官员的贿赂。反过来，这些皇亲国戚就成了这些人的保护伞。上下狼狈为奸，这帮县太爷们干起贪赃污秽的事来也就更加肆无忌惮。

这股黑旋风，多年来一直笼罩着整个济南国，让济南国人民惨遭其害。

曹操来了。他在济南国一干就是三年。

一朝天子一朝臣！曹操不当天子也要把手下的臣子换个遍。他先是上奏朝廷，免去其中八县长吏。

曹操找到了“病根”所在！对症下药，加倍剂量，药到病除。真不愧是神医也！用史学家的话说，那就是“郡界肃然”。

为什么免去这八县长吏？

上通朝廷太监，下连地方豪强，长吏鱼肉百姓的现象，可以说是每个朝代都会出现，反复出现，甚至经常出现。因为这些官员大都有后台，朝廷只是把他们以撤职的名义明降（或撤）暗升罢了，没有几个像曹操这样直接干掉他们的。

一上台就开始大刀阔斧地去撤，而且一撤就差不多都给撤完了。其实，曹操的“撤县令”工作——绝不是众人思维定式里的“一朝天子一朝臣”……

曹操的“撤”，绝不会在撤掉这些贪官、庸官、昏官职位时，玩起

“狸猫换太子”的把戏，来个明降暗升。

他肯定知道这些上通朝廷太监、下连地方豪强、鱼肉百姓、气焰嚣张的官员是不好招惹的，得罪他们是要遭到集体报复的！可是，他为什么明知山有虎还偏向虎山行呢?

这就是人的问题了！不是事的问题，更不是环境的问题。

环境影响人——这是大家公认的。可是，不管是从家庭环境还是从社会环境来分析，这些环境都丝毫没有影响曹操。

先看家庭环境。曹氏家族历代也有人做高官，有的是拿钱买的，有的是靠关系，也有的是世袭。但曹操却另辟蹊径，他不管父亲如何，只管自己豁出去干。

再看社会环境。从三皇五帝的邦国时代到夏、商、周的王国时代，再从王国时代到秦汉以及以后的帝国时代，中国历史走过了几千年，贪官污吏数不胜数，上有下也有，前有后也有。可中国官场的“遗传因子”，到曹操这儿怎么就基因突变了呢?

曹操确实不是一般的人物，做事肯定也不一般。

这些县令的所作所为，曹操早就看在眼里，恨在心里。只是以前没那个权力收拾这些毒害人民的“虫官”而已。现在这些社会的寄生虫们，已经在我曹操手心里攥着了。无论什么后果，我也要把这些人给办了！

曹操对八个县令下了狠招：一律撤职，部分查办。

这么做的后果，他事先也考虑了，而且做了最坏的打算——大不了这个济南国的国相不干了。

于是，京城太监和济南豪强都被激怒了，纷纷扬言要报复曹操。

谁怕谁?可能谁也不怕谁。怕你，我不会收拾你！怕你，我也不会扬言要报复你。

反正不把这个官场腐败问题和鱼肉百姓问题给整治好，曹操就誓不罢休。我只管济南国的人，其他地方我也没那个权力去管。

曹操的为官行为很洒脱，这也是济南国人民的福气。

历史、人民、艺术，只会记住和保存“个性”，不会铭记“平庸”。曹操撤的那么多县令，早已死在了历史的长河里，只有这个敢触摸老虎屁股的济南相曹操，穿越时空“活”了下来，而且还活得那么精彩和深刻。

当这些被撤的县令和地方豪强还没来得及报复曹操时，他已经腾出手去干另一件大事了——拆死人的庙！

⑫ 拆死人的庙

撤活人的职，这还不是曹操的绝活。更绝的是——他拆皇帝老祖先那一座座地上的祠庙！

济南这一带，当时是西汉城阳王刘章的封地，刘章死后三百余年，祭祀他的祠庙多达六百多座。为什么祭祀他的祠庙有那么多呢？提起刘章，说来话长。

刘章乃汉高祖刘邦之孙。吕后把持朝政时，汉朝大权逐渐落在吕产、吕禄手中，刘氏一族的地位逐渐下降。刘章因刘氏宗亲的处境而愤愤不平，他一直在寻找报复吕后的机会。二十岁那年，刘章当了一名酒吏。适逢汉高祖吕雉太后（高后）举办宴席，刘章被派去侍奉。

心里早就打好了算盘的刘章，于宴会前请求高后："臣是武将的后代，请允许我按军法行酒令。"高后答应了。待到酒兴正浓时，刘章献上助兴的歌舞。然后又说："请让我为太后唱首耕田歌吧。"高后看他如此乖巧，笑着说："想来是你的父亲知道种田的事吧。如果你生下来就是王子，怎么会知道种田的事呢？"刘章说："臣知道。"太后说："试着给我说说种田的事。"

事情发展到这儿，宴会还算顺利。接下来，刘章就让高后扫兴了。

刘章对高后说："深耕密种，留苗稀疏，不是同类，坚决铲锄。"吕后听了默默不语。过了一会儿，"恰好"吕氏族人中有一人喝醉了，刘章二话不说，追过去就给杀了。吕后和左右都大为吃惊，但都不敢说什么。

刘氏宗室的命运，从此开始转折。吕后去世后，刘章、周勃等人害怕吕氏后人作乱，便对外联合齐王、楚王等诸侯压制吕氏，对内抢先夺下兵权稳定局势，刘章还亲自斩杀了丞相吕产。在这场帝党与后党的权势争斗中，刘章立下汗马功劳。为此，汉文帝还重重奖赏了他，并于公元前 178 年晋封刘章为城阳王。

原来刘章是为汉王朝政权的巩固立了大功的人！也难怪每年祭祀他的活动花样如此繁多，祠庙也那么多。只是，曹操为什么要拆除这些祠庙呢？

汉朝虽然到了末日，但目前毕竟还是大汉王朝的天下啊。刘姓祠庙你都敢拆？

不过，我们也可以回头想象曹操所走过的路：当今皇上最宠爱的宦官蹇硕的叔叔蹇图的脑袋被他抹掉了，十多个县令的职位也被他撤得差不多了。那么，这天底下，还有多少他不敢干的事呢？关键是你为什么拆人家祠庙？

济南国的这些官，以祭祀当今天子的祖先为由，在祭祀时大肆显摆，“烹杀讴歌”，商人也浑水摸鱼，趁机捞钱财，搞得人民负担沉重，连生存都难以维系。

在撤完活人的职之后，曹操立即腾出手来整治这事了。他下令把祭祀刘章的祠庙全部拆除，断绝了济南数百年的淫祀之风。

说起来这事也不是空穴来风。《三国志》裴注王沈《魏书》曰：“城阳景王刘章以有功於汉，故其国为立祠，青州诸郡转相仿效，济南尤盛，至六百馀祠。贾人或假二千石舆服导从作倡乐，奢侈日甚，民坐贫穷，历世长吏无敢禁绝者。太祖到，皆毁坏祠屋，止绝官吏民不得祠祀。及至秉政，遂除奸邪鬼神之事，世之淫祀由此遂绝。”

撤活人的职！拆死人的庙！这两件大事，曹操前后只用了半年时间。工作效率何其快也！中国历史几千年，这些集于一身的大动作，恐怕很少有人能干得出来。

这种为官的正气和勇气从何而来？显然与许劭的那句月旦评有关。史书上也赞扬他的政绩——“郡界肃然”。

其实，“郡界肃然”还是次要的。最重要的是，曹操的名声不但传遍了济南上下，还传遍了济南以外的诸国。这对他以后的仕途肯定会有影响。

如果照这个势头发展下去，岂止是“郡界肃然”，恐怕应是“国界肃然”了。不过曹操相信有那么一天，他会让“国界肃然”，而且会在他有生之年亲眼看到这一幕！

在曹操身上，与生俱来的英气、霸气一直相伴他左右。这一步步扬名千里的举动，这一股股英雄之气的挥洒，就是为他“国界肃然”做准备的。

这一次，曹操又玩儿了一把权贵。任济南国相未满一年，曹操就触动了大面积的官商利益，免不了会受到不少来自明里和暗里的威胁。曹操不是那么好惹的，权贵们更是不好惹。不过，既然惹了，曹操也为自己找好了退路。

他想，好汉不吃眼前亏。像上一次杀蹇硕的叔叔一样，混不下去他就卷铺盖走人，辞职回家当隐士。过一段时间也许就没事了。这天底下，没有时间解决不了的问题。

也许撤八个县官、拆六百座祠庙之前，曹操已有再次归隐的谋划。他这动作，也再一次使他成为方圆千里的新闻人物。曹嵩在洛阳做大官，名气却不如儿子曹操。曹腾侍奉了大汉四代皇帝，也没有曹操杀一个蹇硕的叔叔轰动效应大。

“不鸣则已，一鸣惊人”，这词好像专为曹操造的，隐士曹操与官员曹操交替出现，隐一段时间，显一段时间，不管隐居还是显现，他总是把自己的举动搞得在全国独一无二，朝野皆知。

这一下，在过了一次官瘾后曹操又不做官了，可是不做官他做啥呢？回老家谯县休息休息，当官太累了，学一下孙悟空，变一回魔术，摇身又去做隐士了。

⑬ 过一把隐士瘾

在撤了活人的职、拆了死人的庙之后，曹操被任命为有两千石年俸的东郡太守！不过，曹操却借口自己有病，回家乡去了。

《三国志·武帝纪》载：“久之，（曹操）征还为东郡太守；不就，称疾归乡里。”这多少有些让人琢磨不透，不知道他究竟想干什么。这领导做得如此潇洒，为什么回去做隐士呢?

是要证明自己的个性！

让我做官与否，这是朝廷的自由；我是否愿意去做，这是我的自由。我不是为官的奴仆，而是一个自由自在的人。

曹操不稀罕当官，更不稀罕这点俸禄。他要的虽然是步步高升,但他不愿意做一个凡人、庸人、俗人，他的每一个举动，都要与众不同。

曹操的疆场不是济南这一小块儿土地，而是

整个天下！飞到哪由不得别人，何时飞更由不得别人。他那双深邃的慧眼比当今皇上的还要大，当然也比皇上看得远。

果然，他还真的闯出了一条属于自己的“特色之路”。这一次，他要回家做一回隐士。也许有人会说，曹操玩儿了几把权贵，得罪了不少人，他怕遭报复。

《三国志·武帝纪》裴松之注王沈《魏书》曰：“数数干忤，恐为家祸，遂乞留宿辘。拜议郎，常托疾病，辄告归乡里；筑室城外，春夏习读书传，秋冬弋猎，以自娱乐。”

可是，他们忘了一个很重要的事实——曹操的父亲官居太尉，也就是当时名义上的三军总司令，权贵们要动曹操还得掂量掂量。不错，曹操之所以没有惹出杀身之祸，确实在很大程度上是因为他有曹嵩这个大后台。

但是，兔子急了还跳墙呢，老虎还有打盹的时候呢。曹操数次触犯权贵的利益，即便自己不怕，也要为家人考虑啊。曹操肯定记得，乔玄的儿子是怎么死的。做人不能太自私，他毕竟还是一家之长啊。

但怕遭报复还不是曹操去做隐士的一个充分理由。曹操觉得自己应该在这段时间里好好学习，提高自己的修养，以便将来能更好地为国家尽忠效力。

在遭到南阳名士宗承鄙视之后，曹操一度觉得自己活得很失败。虽然后来许劭和乔玄的话让他高兴了半天，但自己肚子里究竟有多少墨水，他心里最清楚。

于是，曹操托病谢绝了朝廷的任命，回老家在城外清幽的地方建了一栋别墅，关起门来读书去了，闲暇的时候打打猎来娱乐自己。但是，曹操并没有忘记国家大事，他仍然关心着外面的风吹草动。

美酒佳人、琴棋书画、打猎逍遥的日子，并不能安抚曹操那颗怀有英雄之志的心。外面的世界风起云涌，他怎么能“置身世外”呢？

不管是入仕还是隐居，曹操都要为自己的名气做铺垫。因为名气大了，你的举动会产生双倍甚至多倍的轰动效果。所以，曹操一直向着美誉满天下的方向努力。

曹操的动作，都是凡人难以做出的大动作。当然，他做事也总要按照能臣的标准，还要符合能臣的名声。许劭的预言，他一直深深地牢记在心底，逢人就要宣讲。他对自己有个很明确的定位，那就是一统天下。他的“生存坐标图”，是一张囊括中国的大图。

曹操虽然名义上是在隐居，但他的两只眼睛却一直紧盯着时代的风云。特别是朝廷和地方的每一丝风动，甚至每一声鸟鸣，他都要弄个水落石出。因为，只有洞悉了这汉末潮水起伏的规律，才能更好地以静制动。

搞炒作，曹操是很有招数的。即便是在隐居，但他依然会把自己的大动作传向外界。曹操在谯城隐居数年，一直不断地向外传递消息。他究竟向外面传递的什么消息呢？——他曹操是一条暂时卧下的龙！一旦风起，他就要乘风起舞，再一次以更加强大的力量旋入政治舞台的中心。

父亲和曹氏家族中的许多人都在做官，曹操回归仕途，估计也是举手之劳的事。隐居修炼多年，曹操已经修炼成一个很有学问的人，也完全具备了一个“治世之能臣”的潜质和条件。只是，再次出山前曹操要把前戏和铺垫做到位。

不过，一个公认的隐出了名气的大隐士，他的知名度并不在能臣或英雄之下。更何况，现在的曹操，他已经是个名副其实的能臣了，他拿过笔杆子，也动过枪杆子，打过胜仗，做过好官，惹过权贵……现在，他是隐士。

若有宾客慕名而来，曹操一定不在家。为什么？——躲起来了。隐士的高招就是“以不在场的方式在场，以在场的方式不在场”。躲进岩穴或草庐，和当权者玩游戏。诸葛亮不也这样嘛！

隐居这游戏，从许由拒辞尧连夜私奔箕山开始玩，几千年玩不衰。曹操更懂得怎么玩，并且还玩得舒舒服服，住精舍，穿布衣，丛林中活动筋骨……他早就把名声铺垫好了，不愁外面不知道他。因为，他“隐”的目的是为了更好地“显”！

吕蒙士别三日让人刮目相看，而曹操分别一日就有了新变化。现在，他不做小时候的曹操了，他要做一回“宗承”，让宗承也瞧瞧自己的转变。他准备好了，要拿出另一副面孔去应对这个世界。“蹇图”那把火，他不是已经烧得很成功了吗？他还怕什么呢？

从二十岁到三十多岁，这个官场、江湖两头漂移的曹操，这个能臣、隐士交替出现的曹操，从人的生存和发展哲学来看，他把老子的无为而治和孔子的有为而治运用得多得体啊！

不过，隐士总有出山的一天，特别是曹操这样的隐士。以前那个十处打锣九处在的浪子曹操，仿佛彻底消失了。这是隐居修炼的结果，也是乱世逼迫的结果。曹操曾经想，隐他个十年八年再复出也不晚。可是，十年后的曹操，可能连他自己都认不出来了。

身在岩穴，心在朝廷，醉翁之意不在酒也。这一次，曹操以不在场的方式在场了一回。不但让与他同时代的人知道了，与他不同时代的我们也知道了。他不但玩转了三国，也玩转了历史。

14 当奸雄遇枭雄

在民间，由于《三国演义》和各种戏剧的影响太深，曹操可以说是公认的奸雄。而董卓，也有不少人说他是枭雄。他虽然勉强被划为“雄性之列”，可从他所干的事来看，这人其实根本就算不上雄也，如果硬要给他戴上一个“雄”的帽子，那他就是一个标准的奸雄。

为什么？我们还是先看看奸雄、枭雄、英雄，这三者究竟有什么区别。

周易玄先生曾在其著作《干支哲学》中说：“英雄者，可舍生取义，杀身成仁，为天下苍生谋福祉，乃天地之脊梁；枭雄者，顺我者生，逆我者亡。以我之心而放之四海，以我之志而加之全人，势不可挡。言不必有信，唯能遂其志而通权达变。欲以先登绝顶之位，再行仁义之事。因其本为枭雄之性，故殊难把握，一旦登顶，未必能践行仁道，或将彻底露其枭勇面目，而荼毒无辜。倘果能行其仁德，则天下亦致太平矣。便使枭雄而为英雄。故历来开国之君，多为枭雄。是此之故也。”

如果按照这个概念去推理，枭雄与奸雄的区别就在于到达绝顶之位后能否施行仁政，为天下人谋福祉。虽然同是为了一个目的，但是，人的本性、欲望、理智直接决定着枭雄与奸雄的动机和归宿。

“枭雄”为达到目的都采用非常手段，这也是忍痛割爱。他们也不想这样，但是为了实现远大的志向和抱负，必须这样做。只是，在爬到至尊的位置上之后，他们会让一个国家迈入和平、稳定，以及迅速发展的轨道。

“奸雄”则弄权欺世，为窃取高位不择手段，窃取高位后又忘乎所以，这势必导致奸雄们爬得越高、摔得越惨的结局。

有雄心去获取大权高位，这是奸雄、枭雄、英雄的共同点。但是，大权高位“如何获取”和“获取后如何”，这是三者的根本区别。一般来说，“奸雄”往往用奸诈手段，“枭雄”大多用强横手段，“英雄”一贯用仁义手段。只是，奸雄获取高位继续奸诈，枭雄获取高位后施行仁政，英雄获取高位后继续仁义。

人们都说“乱世出英雄”，其实，乱世中所出的枭雄更多。因为，枭雄们要在天下广施仁政，首先必须先荡平四海，这个目的往往是无法通过谈判来解决的。只有借助于武力，用硝烟和战火以及遍地尸骨来扫平天下。我们的英雄们却很难做到这一点，倒是那些枭雄和奸雄们能顺利做到。所以，英雄可能会因为仁义而名垂千古，而枭雄却能够得到整个天下。

从曹操一生的历史来看，他完成了从枭雄到英雄的蜕变。董卓这个

“枭雄”则是在爬到顶峰后又跌进了历史的深渊，所以也就一直停留在“奸雄”的位置上。

平心而论，谁都想谋取高位，“奸道”也是大多数想玩弄权势之人通用的手段，但是，高位不是每个人都有能力谋取的。再说，也不是每个人都有能力在到达高位后就能坐稳的。同样是雄霸一方的人物，曹操与董卓就有着天壤之别。

在史籍和现实中，曹操是一个不折不扣的英雄。不过，不管是好是坏、是前是后，董卓也曾经影响了历史的进程。而且，他还与曹操这个不可一世的大英雄过过招，较量过。至于最后的结果，那就不是简单的几个字所能概括得了的。

那个兵荒马乱的时局，曹操与董卓这“两雄”相遇，会是一个什么结果呢？曹操一生与董卓曾有过两次重要的会面，第一次是在戏里，即在罗贯中的《三国演义》里行刺董卓；第二次是在戏外，即在陈寿的《三国志·武帝纪》里，“大将军何进与袁绍谋诛宦官，太后不听。进乃召董卓，欲以胁太后，卓未至而进见杀。卓到，废帝为弘农王而立献帝，京都大乱。卓表太祖为骁骑校尉，欲与计事。太祖乃变易姓名，间行东归。”

裴松之注引王沈《魏书》曰：“太祖以卓终必覆败，遂不就拜，逃归乡里。”从史籍记载来看，曹操逃出洛阳是因为不愿意与董卓合作。助纣为虐的事曹操是不干的。至于他行刺董卓之事，史书中只字未提。

其实，历史上那个拿起刺刀刺向董卓的人，是伍孚而非曹操。公元189年9月17日，伍孚身穿朝服，内怀利刃，像往常一样去晋见董卓。等汇报完工作，伍孚就向董卓告辞。这个时候，董卓还没有发现伍孚的任何异常行为，他起身送伍孚到阁门口，还亲切地用手抚摸了一下伍孚的脊背。正是在两人这亲密无间之际，伍孚趁机抽出利刃向董卓刺去。

遗憾的是，伍孚没有刺中董卓，与曹操一样杀卓未遂。董卓奋力反抗，随即呼唤左右等人捉拿伍孚，并大骂道："你想造反呀！"伍孚大声说："我恨不得把你这个奸贼在大街闹市之中碎尸万段，以向天地神灵谢罪……"但是，还没等话说完，伍孚就被乱刀刺死了。

罗贯中把这件事写进《三国演义》，只是想以伍孚来衬曹操，从而突出曹操的狡猾、奸诈。换个褒义词来说那就是有智谋。这罗老也真会策划、构思、嫁接。不过，曹操也确实早有当刺客的经历。小说中奸雄与枭雄的会面暂且放在一边，我们先来看看史籍中的"曹董会师"。

其实，"曹董会师"之所以能够在历史上发生，还得"感谢"宦官派与外戚派、后党与帝党这几大派的争权夺利。各股势力旗鼓相当，所以这汉末的大乱，也就理所当然地发生了。

如果仅仅是这样的话也就罢了，谁实力大、势力大谁当政呗。可乱中更乱的是，后党派的头头何太后是宦官派的靠山。何太后当初之所以能当上皇后，是因为宦官派立了大功。朝中外戚势大，太监恐慌。何进想尽诛洛阳的太监，何太后不肯。姐弟俩的意见不统一，问题的麻烦就出在这里。

在这种情况下，何进就召见并州牧董卓领兵进京了。这个西北一霸，屡拒朝廷诏命。这次却不知哪根神经出问题了，何进一发话，他这边立马率领一支铁骑出发了，像老虎般星夜扑向京都洛阳。

何进让董卓来，是想借此胁迫太后姐姐诛杀满城太监及其党羽的。何大将军是嫌这天下还不够乱，让董卓来加加火。但是这个时刻，深谋远虑的曹操是不同意杀光宦官的。

他自己也刺杀过太监头头张让，这一次怎么就不让杀了呢？曹操是很理智的，他觉得那会导致太监集体反攻。兔子急了还跳墙的，更何况这帮宦官。再说了，太监又没有家室，没有后代，他们顾虑什么呢？所以，曹操不但不赞成逼迫太监急到跳墙的地步，更不赞成召外将董卓进京，引狼入室。

曹操一再二再而三地劝何进，却没有丝毫作用。曹操再劝，何进就下逐客令。曹操无奈地走出了大将军府，仰天叹息："吾见其败矣！"这个何太后的弟弟，就让他自掘坟墓去吧。他要和太监们一起去死，那我权当看戏了。

何进请来了董卓，赶走了曹操。

董卓进京后，京城洛阳一片恐慌！包括皇帝和曹操，当然宦官最慌。慌也不行，谁让你何太后的"后党"头头何进大将军这么昏庸、愚蠢呢？

何进要死，谁也拦不住；何进要拉着整个洛阳一起死，也没办法。

在光天化日之下，董卓杀了何太后，威逼小皇帝。小皇帝不听话，他就换一个，立刘协为汉献帝。对于这些，朝中百官都束手无策。董卓的西凉兵在洛阳一带抢掠烧杀，连汉灵帝的墓葬都不放过。

董卓进京，凡是禽兽干的事他都干，禽兽没干过的事他也试试。"奸乱公主，妻略宫人。处刑滥罚，睚眦必死"，谁要是敢瞪他一眼，他就要谁的脑袋。"群臣含悲，莫敢言者"，就连袁氏兄弟也是敢怒不敢言。在董卓的一片威慑下，兔子终于跳墙了——何进被太监张让等一伙谋杀！宦官也被董卓杀遍。

这个时候，外戚派、宦官派、何太后，已是三败俱伤。曹操此时在观望事态发展，寻找出路。

何进还没等尝到胜利的成果就去西天了，倒让大魔头董卓捡了个大便宜。他自封太尉、相国，想摆平所有的对手，剔除所有的绊脚石，用铁血手段建立自己的新秩序！

要想建立自己的新秩序，董卓就不得不拉拢一批人。要拉拢的这批人中就有曹操。

要说董卓鼠目寸光，似乎也不像。他知道拉拢枭雄曹操，说明他还有几分识人之才。只是曹操比董卓更有眼光。他看出董卓干不成大事，也看出这家伙只是胡闹而已。曹操跑了！枭雄不与奸雄合作！曹操这一跑，让历史也随之发生转折。

曹操的"不合作"是明智的！

这已经是汉末了，可董卓还在重蹈商纣王夏桀的覆辙。社会是在以不可逆转的趋势向前进的，董卓却一直拉着历史的尾巴向后拽。

在《后汉书·五行志》中，曾记载着这样一首民间童谣："千里草，何青青；十日卜，不得生。"这不正是暗示着董卓不得好死、末日已尽吗？

苏轼也有诗云："衣中甲厚行何惧，坞里金多退足凭；毕竟英雄谁得似，脐脂自照不须灯。"这样的相国，实在死不足惜。

《三国志·董卓传》载，"守尸吏暝以为大炷，置卓脐中以为灯，光明达旦，如是积日。后卓故部曲收所烧者灰，并以一棺棺之，葬于郿。"

让人怎么也想不到的是，董卓进长安后，曾经问德高望重的皇甫嵩一个傻乎乎的问题："你怕不怕我？"

皇甫嵩的回答简明有力："你要是能够实行德政辅佐朝廷，我高兴还来不及，怎么会害怕？你要是胡作非为倒行逆施，天下不怕你的，又何止我一个？"

董卓鼠目寸光，不向前看，也不向后看。曹操却高瞻远瞩，他不但清醒地研究历史，更清晰地看向未来。

他们的相遇是一个历史火花，也是一个社会玩笑。曹操与董卓的思想、举动南辕北辙，他们的归宿和未来也只能是背向而驰。曹操死后被追封“魏武帝”，戴着魏武帝的封号从历史走向了未来。而董卓，在历史的糟旮旯里，发酵成了臭名远扬的垃圾……

⑮ 皇帝的公开密诏

在《三国演义》里，为了聚集各路英雄共同讨伐奸贼董卓，曹操以汉献帝的名义给十八路诸侯发了一道天子密诏。这份讨董密诏，曹操自己公开告诉十八路诸侯——它是“假”的！

从密诏内容来看，即便真是汉献帝拟的，恐怕也没有这个“真”。而现实中，汉献帝也确实拟过一份衣带密诏。但这份密诏并没有给曹操，也不是讨伐董卓的。而是密谋岳父董承、皇叔刘备，以及他的亲信们一起诛杀曹操的。

这个戏外的、现实中的密诏，我们暂且不论。先说说《三国演义》里，曹操替皇帝拟的讨董密诏以及关于这个密诏的前前后后。

关于各路诸侯共同讨伐董卓的事，历史上也确有记载。这事发生在公元 190 年正月。但是，历史上号召诸侯共讨董卓的不是曹操，而是桥瑁

（《三国演义》中作“乔瑁”）。

据《三国志·武帝纪》裴注《英雄记》载，“东郡太守桥瑁诈作京师三公移书与州郡，陈（董）卓罪恶，云见逼迫，无以自救，企望义兵，解国患难。”这密诏，原来是桥瑁从三公那里弄来给一个州郡长官看的。

看来，是罗贯中冤枉了曹操。其实，这也是一种智慧的嫁接。讨董这事，不仅人物不是曹操，诸侯也不是十八路。综合各种史料分析，共有十个州郡的长官参与，他们分别是后将军袁术、冀州牧韩馥、豫州刺史孔伷、兖州刺史刘岱、河内太守王匡、勃海太守袁绍、陈留太守张邈、东郡太守桥瑁、山阳太守袁遗、济北相鲍信。

而据《后汉书·袁绍传》载，参与讨董的有十一家（未算曹操），比《三国志·武帝纪》所记多出广陵太守张超（张邈之弟）。当然，我们倒不必深究多一路少一路的事，最重要的是董卓引起公愤是真。

在那个讨伐董卓的呼声一浪高过一浪、一波胜过一波的年代，董卓可谓是响彻全国的知名人物。他是汉末天子、文武百官的仇敌，全国人民对他也是恨得咬牙切齿。

曹操假借天子之名所拟的那份密诏，其内容究竟是如何写的呢？

——“操等谨以大义布告天下：董卓欺天罔地，灭国弑君；秽乱宫禁，残害生灵；狼戾不仁，罪恶充积！今奉天子密诏，大集义兵，誓欲扫清华夏，剿戮群凶。望兴义师，共泄公愤；扶持王室，拯救黎民。檄文到日，可速奉行！”

看内容，这怎么会是一份密诏？简直就是一份公开的、众人皆知的诏书。句句真实，并且每一句都是天子、满朝文武，以及全国的百姓想说而不敢说的话。

这份密诏简直比及时雨还要及时。有人说，曹操也正是从这时开始学会了替天子拟诏书的。这也间接说明了曹操已经具备一个天子的潜质。

曹操的檄文发出去以后，各镇诸侯皆起兵响应。这个时候，那个赐给曹操密诏的天子，还不知道有这么一回事呢。曹操虽然凝聚了大家勤王的信念，但由于诸侯们心中各怀鬼胎，最终致使这场轰轰烈烈的讨董梦破碎。

曹操刺杀董卓，发布天子密诏讨伐董卓，这一切虽然都只是演戏，但是，汉末人民是多么渴望天子能真正给曹操下一道这样的密诏啊！可令民众不解的是，汉献帝下发密诏却是除掉曹操。

公元 199 年，这一年汉献帝十九岁，应该说他也该成熟了。你瞧他在现实中诛杀曹操的方案，策划得多“得体”啊。先是任命外戚董承为车骑将军，然后将事先写好的一道密诏缝在衣带里，授意董承联络汉室大臣诸侯，联合铲除曹操。这怎么也不像一个未满弱冠之年的小子干的事。

既然曹操把他软禁起来了，他也不让曹操活了。这个时候，是鱼死还是网破还真不好说呢。

从汉献帝手里接过衣带诏，国舅董承、皇叔刘备就跟长水校尉种辑、将军吴子兰、王子服等开始行动了。但董承一不小心，让小家奴秦庆童坏了他的大事。

秦庆童与董承侍妾因私下鬼混的事而被打，秦庆童怀恨在心遂向曹操密告了董承谋反一事。“除曹”尚未开始，就败露了。除刘备逃跑之外，余下的董承一伙皆在次年（公元 200 年）正月被灭三族。

汉末天子的密诏，一个是“讨卓”在演义里公开了，一个是“诛曹”在现实中败露了。现实与戏的交织，让现实更遗憾了，让戏更精彩了。

在这现实与戏的交织中，最有看点儿的还是曹操。

矫诏还没发布，先弄一个皇帝顶在头上——事成则是朝廷的忠臣、功臣，对自己有利而无弊。这一狐假虎威的阵势，使曹操看透了诸侯愿意乘势以军事力量立信、立威、立忠，借机壮大自己的军事势力的潜在目的。所以，这一正切合了当时政治形势的密诏，因此取得了“四两拨千斤”的奇效。

但是，有一点让人琢磨不透——依作者以“刘汉”为正统的《三国演义》中，为何不让皇帝真正密发一份讨伐董卓之诏呢？难道是年少的皇帝做不出这样精明的决断？

不过，曹操在戏中替皇帝发布的这份讨卓密诏，实在是演义里一个精彩的片段，甚至比皇帝亲自发布的还有看头儿。曹操为大汉办了一件好事，可他自己却得到了小皇帝发的“诛曹密诏”！

对于皇帝这一天真的举动，也许曹操早有防备。曹操的耳目遍及朝廷，一点风吹草动都难逃他的法眼。这个二十岁不大不小的皇帝啊，你怎么能够把这样的密诏托付给如此不堪大任的岳父呢？这实在是一次天大的冒险行动。

再从十八路诸侯这个集团看曹操，该集团以顺讨逆，名正言顺。在政治上和军事实力上又占有明显的优势，但因为那个花瓶似的首席执行官袁绍而致使集团分崩离析。如果让曹操这个既顾全大局又能主持公道，既具有原则性又具有灵活性的人做讨卓集团的首席执行官，那么，董卓的末日也许能提前结束几百天。

天子戏里和戏外的密诏，看似聪明实则愚蠢。从最初的被动到最后的主动，怎么在心里掂量都像是苍白了自己，精彩了别人（曹操）。小说是虚构的，可是我们宁可相信，也不得不相信——戏里与戏外其实并没有多远的距离……

⑯ 谁杀了伯奢全家

关于曹操杀吕伯奢全家一事，《三国志·武帝纪》正文中没有任何记载，裴松之倒为后人留下了三个注引的史料。但是，尽管如此，依然不能判定曹操就是杀害吕伯奢的真正凶手。

我们且不说曹操是否杀了吕伯奢全家，先看看这三种记载。

王沈《魏书》曰："太祖以卓必覆败，遂不就拜，逃归乡里，从数骑过故人成皋吕伯奢，伯奢不在，其子与宾客共劫太祖，取马及物，太祖手刃击杀数人。"

刘义庆《世说新语》曰："太祖过伯奢，伯奢出行，五子皆在，备宾主礼。太祖自以背卓命，疑其图己，手剑夜杀八人而去。"

孙盛《杂记》曰："太祖闻其食器声，以为图己，遂夜杀之。既而凄怆曰：'宁我负人，毋人负我！’遂行。”

到了罗贯中这里，他添枝加叶，把曹操的形象涂抹得脱离了原型。《三国演义》中确实有太多的主观色彩，罗贯中和毛宗岗父子似乎对曹操有很大的偏见。但是，作为历史小说，一部三国的确是成就了不少人。可在这些被成就的背后，却委屈了曹操这个真实的历史人物。

别的都暂且不说，仅仅吕伯奢一家被杀这件事，就可以称得上一桩典型的“冤案”。

按照“演义”中的叙述，吕伯奢是曹父的结义兄弟。想想当年刘关张桃园结义后是如何同生共死的。很明显，作者设计这样的人物关系是别有用心的。

再接着看，当作者让曹操一路失魂落魄地逃到吕伯奢家后，吕伯奢说家中无酒要出去买酒。买就买吧，既然故人来了，买酒也在常理之中。

但是，这个吕伯奢，却去了很久不见回。后来，曹操和陈宫听到磨刀声，便怀疑人家要加害自己，接着又听到有人问：“缚而杀之何如？”

曹操一听怒了，与陈宫冲出去将人杀了，一家尽屠。一声“缚而杀之”，更让他深信不疑。于是不问青红皂白，“拔剑直入，不问男女，皆杀之，一连杀死八人”。一直杀到厨房里，直到发现被捆着等待挨刀的大肥猪，陈宫才说“杀错好人了”，接着二人就逃出去了。

这还不够，接下来作者又描写道，曹操与陈宫急忙出庄，正好在路上遇见买酒归来的吕伯奢。此时的曹操并没有半点的后悔之意，为了达到防止被人追杀的目的，竟对自己父亲的结义金兰举起了带血的屠刀……

“宁可我负天下人，不让天下人负我”，曹操说出这话不久，陈宫离曹操而去。至此，曹操终于完成了对吕伯奢一家的灭门之戮。

一部鸿篇巨制《三国演义》，洋洋洒洒上百万字，可曹操杀吕家的情节区区只有几百字，却已经让曹操的形象跃然纸上。在演义的收尾部分，作者还来一段曹操家人被人残杀的文字，画龙点睛地以昭示“天理循环报不差”。虽然演义被认为是七分史实三分虚构，可是，这一“情节”里的“演义”，却疑点百出。那么，在这些细节描写里，具体都有哪些疑点呢？

第一，一家之主吕伯奢自己亲自去买酒。既然故人曹操来了，找个家人去就行了啊，你一家之主不在家陪客人，用得着亲自去买酒吗？再说，曹操现在可是惊弓之鸟。你作为主人，应该留下来作陪、安慰他那颗惶惶不安的心才是。

莫非……莫非……这吕伯奢是想以此为借口出门报信？当然，读者也不愿意相信，吕伯奢是想以买酒为名出门报信。

第二，家中就来了曹操一个客人，加上陈宫才两个人，吕伯奢用得着去杀一头大肥猪吗？杀几只鸡还不够吗？曹操可是通缉犯啊，也许躲一晚上就走了。从没奢望有酒肉，能填饱肚子就不错了。

曹操的吕伯伯家里莫非是开了个养猪场？杀一头猪像杀一只鸡一样简单？曹操再是故人也不至于来一次杀一头猪啊？吕伯奢家究竟养了多少头猪呢？

第三，杀猪从来都是缚而杀之，难道还会有毒而杀之之说？或者不捆绑直接动刀子？为什么还要问一句——“缚而杀之何如”呢？这实在让人想不通。

第四，当曹操听到“缚而杀之何如”时，也没听到有人回答，就和陈宫冲出去砍人了，一直杀到厨房见待杀的大肥猪。这一过程，实在有点太科幻了。既然曹操这边杀着吕家的人，难道吕伯奢的其他家人还有心在厨房里绑猪并杀了招待曹操吗？

第五，再退一步说，曹操连“缚而杀之何如”这话都听到了，绑猪时这么大的动静，猪的叫声应该更大，他们难道都没有听到？吕伯奢家的猪是什么猪，竟然那么乖？

看完上述《三国演义》中关于对这一事件的描写，让人感觉到作者与孙盛《杂记》中的描写最为接近，所站的观点和立场也都一样。

“宁我负人，毋人负我”，在其他正史中均不见记载。因此，很可能是有人或者说是孙盛本人杜撰的。

再说《世说新语》，这本是一部笔记小说，与干宝的《搜神记》和蒲松龄的《聊斋志异》是一个类别的。看过这两部书或这类著作的人都知道，这里的虚构成分比《三国演义》还要胜三分。

虽然有时候我们不能否认，正史比野史更真实，小说比现实更真实，但这只是非常时期与非常情况下的非常事件。那么，这个时期，这种情况，这个事件，我们不知道是否应属“非常”，但如果拿这个去考证历史，恐怕只能到鬼和神那里去查证了。

至于王沈《魏书》中的记载，就算是真实的事，吕伯奢儿子和宾客的死亡也不是曹操的责任。吕伯奢的儿子是何人？曹操又是何人？吕家儿子敢去劫持曹操吗？

更何况吕伯奢的儿子怎么也应该知道，曹操是父亲的故人啊。他怎么会与他家的宾客们共同劫持曹操呢？曹操都到了这个时候了，你作为故人还乘人之危而劫杀他，这也太不够意思了吧。

那么，当我们看到这里的时候，吕伯奢一家究竟是否被曹操所杀，这也基本上是云开雾散了。对于史籍和小说（笔记小说和历史小说）中的记载，那就需要读者自己去思辨了。要想了解事实的真相，还有两种

“国际玩笑般”的方法——第一，掘开吕伯奢的墓问问；第二，掘开曹操的墓问问。

不过，曹操的墓已经被考古专家们掘开了，直接问就是了。但就是不知道地下的魏武帝是否会接受我们地上人的采访。

曹操是否杀了吕伯奢一家，这个问题在正史、野史和演义中都存在很大争议，读者只有像猜谜一样地去独自琢磨了。对于后人来说，这永远都是一个没有谜底的谜。

在这个故事里，戏里和戏外的曹操，给后人留下的都是一个模糊的背影，就连被杀的吕伯奢一家也是带有问号的。大问号与小问号交织在一起，别说我们读者，就连史学家恐怕也是扑朔迷离。

谁“杀”了吕伯奢全家？亲爱的读者朋友，您认为呢？

17 捉曹与放曹

汉末董卓专权，曹操谋刺未成，逃出长安。董卓下令画影图形捉拿。曹操逃至中牟县，被人识破，解至县衙。

县令陈宫听曹操说明大志，十分敬重，不但放了曹操，而且还把自己的官也扔了不干了，随后和曹操一起逃走了。

以上是《三国演义》里的故事，罗贯中是想突出曹操的奸恶残忍。后来，著名的京剧传统剧目《捉放曹》，也是根据《三国演义》中这段情节改编的。陈宫唱道：“我先前自道他宽宏量大，却原来贼是个无义的冤家，马行在狭道内我难以回马。”

看来，罗贯中确实是“误导”了不少人。不但“误导”了不少观众，也“误导”了一些戏剧家。可是，是是非非也不全是任由小说家去演义的。

84

历史学家手下的笔，会做出一个较为客观公正的宣判。

那么，历史上具体的事和人，正史又是如何记载的呢？这个中牟县的县令到底是谁呢？现实中真有其人吗？

《三国志·武帝纪》曰："卓表太祖为骁骑校尉，欲与计事。太祖乃变易姓名，间行东归。出关，过中牟，为亭长所疑，执诣县，邑中或窃识之，为请得解。"

也就是说，曹操在连夜东逃至中牟县后，不幸被一个亭长认了出来，而后抓进衙门。可是，县功曹在请示过县令后把曹操给放了。

关于曹操东归这件事，我们可以看出，这个捉住并释放曹操的县令不是陈宫。《三国演义》把释放曹操的那位无名的中牟县令换成陈宫，又让陈宫随曹操走到成皋，在客店中离他而去。这和史书上的记载有许多抵牾之处。至于著名京剧剧目《捉放曹》和相声《捉放曹》，我们只能当戏看看。

我们知道，在历史上曹操与董卓是不合作的，惹不起，躲得起。曹操他只有躲，离开董卓，走得越远越好。他逃跑后又遇到些什么事呢？

《三国演义》里说这个捉放曹操的县令叫陈宫，是陈宫于公元 191 年把曹操捉住后又给放了。现实中，捉放曹的事发生于公元 189 年。中牟县令这一放简单，但事实上三国的故事却复杂了。

中牟县令为什么把曹操放了呢？史料说，因为被抓的这个人是曹操！更确切地说，因为他是天下雄俊。"以世方乱，不宜拘天下雄俊"——这就是曹操被放的理由。

从这儿可以看出，曹操以前的努力没有白费。他的英雄名气也打造得差不多了。民间还是有不少人知道曹操，并对曹操非常认可。

小时候的混，那不叫不争气，充其量只是调皮捣蛋而已。后来，人家不是也一步步向“名士”和“能臣”靠近吗？与宗承交朋友，找乔玄和许劭点评，刺杀乱朝政的太监张让，整治洛阳北部的公安秩序，上书朝廷攻击腐败的三公，为朝廷镇压黄巾起义军，撤鱼肉百姓的县令的职，拆官商勾结建造的皇帝先人的庙，拒绝与乱世奸雄董卓合作……

曹操这一路走来，没有哪一步不是朝着对国家和人民有利的方向走的。他的好名气也是拼出来、干出来的。这一次，他的死里逃生就是一个很好的证明。如果他不是天下雄俊，那这个县功曹恐怕早就提着他的人头去找董卓领奖金了。

再说，董卓下的通缉令也已传至中原各郡县。中牟县的大小官员恐怕没有人不知道吧？如果说这个抓曹操的亭长不辨时局，分不清何为天下雄俊，那么，这个县功曹是绝对能分得清清楚楚的。

曹操是不应该被“捉”，是应该被“放”的。只有放了曹操，董卓才能被更快一点除去。

被一代代上演的“经典剧目”《捉曹操》，只能作为茶余饭后的谈资，供民间老百姓娱乐娱乐而已。

故事里的事，谁知道真假？但史籍里的事，差不多应该真实。

从中牟的县衙门出来后，曹操得意忘形地哈哈大笑！他高兴啊！要多高兴有多高兴。

为什么？他真真切切地尝到了名头响的好处！在性命攸关的时刻，是“名气”救了他一命。这也更坚定了曹操朝着“治世之能臣”方向走的决心和信心。

不过这个时候，曹操还是始终绷紧神经。董卓这样的人，什么事儿都干得出来。好汉不吃眼前亏。这个时候，他必须与董卓周旋着打游击战。

说逃也罢，说跑也行。反正现在是不能落到董卓的手中。他以后还要进一步扩大自己的名气，雄霸天下呢！

想回到商末的暴君董卓，朝廷不买他的账，人民也不买他的账，他是众矢之的。这一点，曹操是很清楚的。如果能打倒董卓，曹操的名气便会响彻中原大地！所以，曹操是铁了心要与盟主袁绍和诸侯们一起讨伐董卓的……

这不，这一年的冬天，曹操在逃出洛阳后便正式起兵了——讨伐奸贼董卓，力挽大汉王朝！这是曹操被放后干的第一件事，也是汉末历史上最有意义和价值的一件事。所有大汉子民和皇室，除了董卓，都要感谢那个释放曹操的无名英雄——中牟县县功曹。

⑱

打通民间官道

“得民心者得天下”，这句话，曹操比谁都清楚。可是，得民心你也得有机会啊。在乱世，在农民起义军风起云涌之际，对立志称霸全国的英雄来说，就是一个最好的机会。

东汉末年，广大农民与豪强地主及封建国家的矛盾不断激化。张角领导的一次有组织、有准备的全国性农民起义爆发了。

公元 184 年，各地豪强地主也纷纷起兵，配合官军镇压起义。其中著名的有袁绍、袁术、曹操、公孙瓒、孙坚、刘备等。

公元 191 年，袁绍派曹操再次攻打黄巾起义军。这第二次攻打，曹操更多的是在为自己打通他在人民百姓心目中的那条官道。

这次机会对曹操来说实在是如虎添翼、雪中送炭！这是令袁绍想不到的事。而且，此次攻打，不论对曹操打天下，还是对曹操得天下，都是有百利而无一弊的。

为什么这么说呢？我们还是先听听史学家的观点——曹操是靠镇压农民起义起家的！

这冤枉他吗？是，也不是。如果把镇压二字加个引号，可能也凑合着说得过去。与其说是曹操在镇压农民起义军，倒不如说他是在收买或者收养农民起义军。

同是镇压黄巾起义军，曹操与其他军阀截然不同。远的且不说，我们先看看曹操的发小袁绍。

袁绍和曹操，名义上都在攻打黄巾军，但打的方式不同，打的思路也大相径庭，甚至可以说是南辕北辙。

我们知道，在各路诸侯共同讨伐董卓的时候，袁绍还是一呼百应，众人仰之呢。不论从出身，还是从军事和经济实力来看，袁绍都是一流的。但是，正因为如此，他与曹操的脑袋才朝着相反的方向转。直至转到官渡大战，甚至彻底剿灭袁氏残余。历史这才告诉袁绍：你不是曹操的对手！

如果说袁绍的视线是在十里之内徘徊，那么，曹操早已想到千里之外了。

其实，这也不仅仅是看得远近的问题，个人的性格，以及管理理念等，也是决定成败的一个很重要因素。后来郭嘉和荀彧的“十胜十败论”概括得就很准确，基本上归纳出了袁绍的所有缺点和曹操的所有优点。

袁绍追打黄巾，大肆杀戮，斩首数万级。这样的战争，不屡战屡败才怪。

这是一个什么样的时代？——乱世争雄。扩充实力可是头等大事啊！袁绍怎么在这样的关键时候犯糊涂呢？

这不像一个出身于“五世三公一帝王”（自曾祖父起四代有五人位居三公，自己也居三公之上，其弟袁术则于建安二年称仲家皇帝）家族的名门贵族所为啊。

我们再来看看曹操是如何“镇压”黄巾起义军的。

曹操不烧、不杀、不抢、不夺，不采取任何暴力手段。他怎么打？——致力于劝降、收编，让自己的革命队伍如滚雪球一般越滚越大。所以，曹操打黄巾，没有任何心理障碍。他不怕，再有一千万黄巾起义军他也不怕。他怕的是没有那么多黄巾让他去“镇压”。

曹操的头脑很清醒！他收编的一兵一卒都归为自己所有，干吗非要大开杀戒不行啊？这不是两全其美的事吗？杀一个，我的“士兵”就少一个，而且在人民心中和历史上还落了个暴君的骂名。

这，就是曹操和袁绍的区别。

《三国志·武帝纪》曰：“（太祖）追黄巾至济北。乞降。冬，受降卒三十余万，男女百馀万口，收其精锐者，号为青州兵。”曹操在起兵之初只有五千人马，后来在青州（今山东）与黄巾战，屡战屡胜，收青州兵三十多万。

在讨伐黄巾军的路上，曹操走一路，英名留一路，有的地方甚至还保存着曹操当年拴马的老槐树。

这一路走来，曹操的人马翻了六十倍多，三十万大军从天而降，这是什么概念？

实力扩充了，队伍壮大了。他越“镇压”越有信心。

这支军队，是曹操日后逐鹿中原最大的本钱！曹操的每一步，都走得这么踏实、沉稳，也走得这么有技巧、有谋略。

势力大了，拥兵几十万。可是，曹操如何去养活这批人马呢？粮食

曹操拴马槐

从何而来?

曹操开始开垦荒地，寻求解决战争的给养问题。不过，土地不够。但是他不怕，曹操不经朝廷任命，自领兖州（今分属河南、山东等地）刺史。从此，兖州成了他的根据地。

像打黄巾这样的战争，曹操打多少仗都不会输，而且他还会越“镇压”越得民心。这批农民起义兵以前没吃、没喝，现在到了曹操这里，最起码温饱问题解决了，吃、穿、住不用发愁了。

“打仗不杀敌”，历史上有多少战争是这样打的呢?

同是黄巾军，遇到袁绍小命就没了，遇到曹操还能解决温饱问题。同是黄巾军，命运竟然如此千差万别!

曹操用这样独特的方式来“镇压”农民起义兵，这不但在中国历史上是罕见的，恐怕在世界历史上也是如此吧。

“镇压”到最后，曹操把这三十多万起义的农民都给养起来了。曹操为官的路这样走下去，中国还有多少起义的农民不愿跟着他干呢?

给谁打工不是打呢?肯定哪儿待遇好去哪儿!可是，黄巾军刚开始不知道啊，如果知道的话，逃也要逃到曹操手下，让他去“镇压”啊。他能把乱世中起义农民那干瘪的肚子填饱。这样的董事长，就是在现在也是很吃香的。

“得民心者得天下!”这是中国老百姓最爱说的一句话。历史上得民心的皇帝不多，曹操算一个，虽然他不曾坐上皇帝那把龙椅。

同是打黄巾，在公元184年和公元191年，曹操明显是采取了两种不同的方式。为什么?时局不同啊。

七年的时间，对于曹操来说，就是崭露头角与拥兵三十多万的区别。

第一次镇压黄巾是名副其实的镇压，那时他是为了“走出去”。如果说第一次他仅仅为了出名，在官场上混个一官半职干干的话。那么，第二次，意义就完全不同了。他不但要壮大自己的队伍，还要赢得民心。

这一次，他要“打”的不仅仅是黄巾，更重要的是“打通”他在老百姓心中的威望，以便为日后的得天下做好准备。其实，曹操人生的这出戏，比《三国演义》演义得更有意思。

⑲ 三战徐州非复仇

曹操打徐州，是因为陶谦杀死了自己的父亲曹嵩而替父报私仇吗？关于这一点，不知道鬼是否相信，反正人是不太相信。因为，曹操的雄心壮志不是一个州郡就能装得下的。

曹操究竟是想图谋徐州，还是为家父报仇，看看曹操的历史年表，我们就会明白。

公元 193 年春，曹操把袁术打得没地方钻，结果袁术只能败走淮北。这年的夏天，曹操还军定陶。曹操自兖州出兵徐州，向东南扩展势力，大军连续攻下十余城池，后又在彭城（今江苏徐州）与徐州牧陶谦展开激战。结果曹操大胜，斩杀陶谦军首级万余。陶谦也不得不退守郯县（今山东郯城），守城不敢出。

《三国志·武帝纪》曰："（初平四年）秋，太祖征陶谦，下十余城，谦守城不敢出。"

这是曹操第一次战徐州。这一次，陶谦并没有伤害曹嵩一根毫毛。

公元 194 年春，曹操迎父曹嵩至兖州，途中曹嵩被陶谦部将张闿杀死。同年夏天，曹操再次攻打徐州，连下五城，又在郯县以东大败前来援救陶谦的刘备等军。

《三国志·武帝纪》又载，“太祖父嵩，去官后还谯，董卓之乱，避难琅琊，为陶谦所害，故太祖志在复雠东伐。夏，使荀彧、程昱守鄄城，复征陶谦，拔五城，遂略地至东海……太祖击破之，遂攻拔襄贲，所过多所残戮。”

《三国志》裴注引韦曜《吴书》曰：“太祖迎嵩，辎重百余两。陶谦遣都尉张闿将骑二百卫送，闿于泰山华、费间杀嵩，取财物，因奔淮南。太祖归咎于陶谦，故伐之。”

很明显，曹操攻打陶谦在先，陶谦劫杀曹嵩在后。再说，即使陶谦不劫杀曹嵩，曹操依然会攻打徐州。

鲍信等人至东郡迎曹操领兖州牧后，曹操收黄巾军降卒三十余万，号为青州兵。三十万大军从天而降，曹操对天下王土那颗蠢蠢欲动的心，谁能按捺住呢？

这是一个很善于把握时机的人，他生命里的每一分每一秒都算得很精确。此时，手握三十万大军，曹操继续向东南扩张自己的势力！

经过几年的拼打，曹操势大了，有了自己的根据地。于是，为了以防不测，孝顺的曹操就打算派人把居于琅琊（今山东诸城）的父亲接到自己身边。

这琅琊，它可是陶谦的地盘啊。兔子急了也会跳墙的，谁敢保证刚被曹操打得不敢出城迎战的陶谦，会不伤害曹嵩一家呢？可是陶谦他还真不敢。但是，他不敢并不代表他的手下也不敢……

在曹操的邀请下，曹嵩带妻妾并一百多辆满载金银财宝的马车，浩浩荡荡出发了。这个时候，陶谦见了曹操像老鼠见了猫似的。为了讨好曹操，陶谦派将领率二百士卒护送曹嵩一家。

这一送不当紧，却是塞翁失马。

陶谦的这些将领们，哪见过这么多财宝啊？还没等把曹嵩送到曹操的根据地，护送曹嵩的兵士们就顿起歹心，杀曹嵩全家，劫宝而逃。

曹操没想到这一点，曹嵩更没有料到。就连陶谦自己恐怕也没有预料到——他的士兵们竟然会干出这样的蠢事来！

这个残局，只有让陶谦来收拾了。

这一抢，这一逃，严重激怒了曹操。于是，陶谦向曹操请罪。

荒唐！曹操怎么会接受陶谦的请罪呢？这可是杀父之仇啊！再说，曹操正愁找不到合适的攻打徐州的借口呢。这不是像袁绍让曹操镇压黄巾起义军一样愚蠢吗？

你雪中送炭，我怎么会不要呢？况且这又是“数九寒天”啊。

于是，公元 194 年夏，曹操发动十万大军直指徐州，攻城、屠城，一路上“鸡犬亦尽，墟邑无复行人”。复仇的火焰，连月不息。

这是曹操继公元 193 年秋后第二次进攻徐州。

这一次，陶谦的部下确实杀害了曹操的父亲。终于为曹操二战徐州找了一个合情合理的借口。

这一次，曹操也确确实实是为孝道而战。但是，曹嵩的死，充其量只是曹操图谋徐州的“催化剂”……而曹操的孝顺，却因为这一次战徐州而扬名天下！诸侯们虽心知肚明，但谁都是有话说不出。

这就是曹操的高明之处。不过，人家这一仗也确实打得理所当然。这是报杀父之仇，不是故意欺负你陶谦啊。

不是有句话叫“有仇不报非君子”嘛，特别是杀父、杀母之仇。不管是真是假，曹操这一次战徐州，古人今人都知道——他是为父报仇，甚至被后人添油加醋地放大为曹操三战徐州都是为了替父报仇。

作为一个志在天下的大英雄，就是智商勉强及格的人，他也知道这背后所隐藏的秘密。就算这两次战徐州曹操是为了替父报私仇，那么，曹操三战徐州是为了什么?

公元198年9月，曹操第三次战徐州。历史学家一致认为，这一次，曹操是为了进攻久与他为敌的吕布。这个乱世，想争霸天下的英雄曹操，老虎屁股都敢动动，天下还有谁他不敢打的呢?

别说吕布了，就连吕布曾经的主子和干爹董卓，曹操依然敢斗一斗。我们可以回忆一下，董卓作乱时，别的诸侯都按兵不动，唯有他曹操敢孤军奋起抗战。

是，大伙都不敢动，只有他曹操和孙坚出兵了。最起码他在起跑线上胜了。至于最后的胜败，那就是另一回事了。但至少曹操是有这个勇气的。而且，罗贯中还让他孤身一人去行刺董卓呢。

不管以什么为借口，只要是曹操想干的事，他总能找到合适的理由。他想得到的东西，多数人是拦不住的，包括当朝的天子汉献帝。

这不，在曹军的多方攻势下，吕布的军队终于上下离心。心散了，部队也就等于散了。吕布见大势已去便下城投降，他的谋士陈宫却不肯投降。但陈宫还是被吕布的部将捉住交给曹操了。结果，吕布、陈宫、高顺等人全部被曹操处死。曹操收降了吕布的部将张辽、臧霸、孙观等人，这才初步控制了徐州的局势。

到这个时候，曹操真正三战徐州的目的才算差不多达到了。

打陶谦是形式，占徐州是内容。

张辽像

“孝道”，不是纯粹的幌子，却是曹操攻占徐州的“催化剂”。

“徐州”，控制它也不是一时的冲动，而是从未动摇的目标。

关于曹操与徐州的故事，不管小说中怎么演义，也不管历史中怎么记载，观众和读者心里都清清楚楚——政治家和军事家的“活动”，在很多时候，都是穿着一层华美的、正义的、带着喇叭和道德的外衣……

⑳ 流一滴政治眼泪

曹操的笑，在《三国演义》里是出了名的。可是，我们的大英雄也有哭的时候。比如，曹操哭典韦。曹操哭过很多爱将，但从没有这一次哭得如此痛心。这不是在“演义”里，可曹操却是在“戏外演戏”……

曹操为什么哭得如此痛心呢？首先我们必须搞清楚——曹操在历史上是一位伟大的政治家。

政治家的眼泪，不是白流的。它的作用，不是法令，但胜似法令，甚至比法令还管用……

这眼泪，不是“激动”，而是“感动”。

刘备不是也干过这样的事吗？公元 208 年，曹操袭击荆州，刘备南逃江陵。后曹操派麾下精骑快马追赶，终于在当阳长坂附近追上了刘备。情势危急，刘备丢下妻儿，仅带着张飞、诸葛亮、赵云等数十骑向南逃。这时，赵云却向北冲入曹军之中。

有人看到后，就对刘备说：“赵云必定是向北投靠曹操去了。”刘备闻言，对那告状的人说：“子龙是不会弃我而去的。”不久，赵云怀抱刘备幼子刘禅，保护着刘备妻子甘夫人平安归来。

这只是《三国志》中的记载，至于后来的情节——当赵子龙冒死救出阿斗，把阿斗交给刘备时，刘备却将其丢在一旁：“为汝这孺子，几损我一员大将！”赵云忙从地下抱起阿斗，泣拜曰：“云虽肝脑涂地，不能报也！”这是罗贯中在《三国演义》里把刘备给演义了一把。

纵然是戏里的戏，读者还是对此印象很深。而且，刘备的“爱民如子”也从此深入人心。而曹操比刘备更会在现实中演戏。所以，他哭战死的爱将典韦，那是历史和小说中都有的事。

公元 197 年年初，曹操把汉天子刘协搞到手之后，在朝廷上呼风唤雨。接着，他就利用自己的政治优势开始了东征西伐、翦灭群雄、统一北方的战争。但由于荆州是连接长江南北、西通巴蜀的军事重镇，所以，曹操也就最先去攻打荆州治所宛城。

盘踞宛城的是军阀张绣。张绣见曹操来了，从心里开始发抖。左思右想，张绣决定投降曹操。曹操到宛城后，与张绣的寡妇婶母缠绵到一块儿，二人如胶似漆，忘乎所以。

张绣看形势对自己很有利，投降后他又后悔了。张绣日思夜想，最后决定趁曹操不备打他个措手不及！十几天后，张绣趁曹操与自己的婶母正沉浸在温柔乡中时，对曹操发动了突然袭击。

曹操败退，险些丢了性命。这个时候他才明白，自己被张绣耍了！

这一次，曹操不仅失去了心爱的儿子曹昂，还失去了爱将典韦！曹操哭得昏天晕地，好像哭曹昂也没有哭典韦哭得痛。

这典韦是个什么样的人呢？世称“古之恶来”。为了给乡人刘氏报仇，他杀人出市，十步之外无人敢犯。军中的牙门旗既长且大，人们都不能把它举起，而典韦竟以一手便将其执而竖起。后因其人忠诚谨重，被曹操当作自己的贴身保镖。

在这场宛城之战中，张绣急速攻破曹操大本营。典韦守着大门与敌军殊死搏斗，杀敌二百余人，最终因寡不敌众而战死。而曹操，还与张绣已故叔叔张济年轻貌美的老婆玩呢。

不错，英雄是需要美人来陪的。可是，在反复无常的降军面前，在江山和美人面前，曹操这次是真的失去理智了。当然脑袋和思维脱离轨道的人闯下大祸也是很正常的。

所以，在曹操痛哭典韦的这滴政治眼泪里，不仅有对典韦的惋惜，更有对自己的自责，更多的却是用此来感动众将士的。他是想让他的将士们看到，他们的主子是一个爱才惜才的人，是一个敢于承认错误的人，是一个爱臣子超过爱儿子的人。

这滴泪，是流给典韦的，也是流给自己的，更多的是流给众将士的。不过，归根结底一句话——为自己的“天下”而流……

曹操，这个非常英明的“君主”，不但会表演学，他更懂管理学和政治学。在赢得民心方面，他自小就具有这方面的天赋。

曹操是政治家、军事家，在这里，我们似乎还应该封他一个演艺家的称号。虽然他没学过一天表演学，但他的表演能力绝不亚于今天的知名演员。曹操不用彩排和预演，他有足够的把握直接进入现场直播。

对于这一点，曹操很认同的另一位大英雄刘备倒是与自己有一拼。虽然赵云、典韦对于刘备、曹操来说不过是一员将领，但是，刘备能做到怒摔亲生儿子，并说出“为汝这孺子，几损我一员大将”的话；曹操能哭着说出“吾折长子、爱侄，俱无深痛；独号泣典韦也”的话，也实在是难能可贵。

刘备和曹操能成为三国时期全国最大的三家集团公司中最牛的两个董事长，看来不是浪得虚名。发生类似的故事，也不是巧合。这两个英雄的例子，还真的很值得我们今天的管理者去学习。不管你从政也好，经营企业也罢，作为领导者，这都是一门必备的学问。

当然，很多人会说刘备和曹操是假仁假义装出来的，只是为了骗取臣子们的死心塌地。不错，这种可能性的确存在，而且可能性还极大。但是，退一步讲，即使是假仁假义也是出于好意，至少这样可以让赵云连忙“向地下抱起阿斗，泣拜”，让“众（将士）皆感叹主公之爱士，过于亲子”，能让臣民百姓们感激涕零，这也值得了。

人们都说，男人有泪不轻弹。如果男人弹下一滴泪，就可能发生了不会轻易发生的事。典韦的死，让曹操流下了一滴最感动的泪，尽管这滴泪里含有水分，可也有浓浓的真情在里面。

曹操不但是政治家，还是一个很优秀的表演家，而且还是不用培训的现成的表演家。官场虽不是舞台，但在官场上混的人，是需要真真切切地去表演的，那需要比舞台上更高的技艺。因为，它不是要演一时，而是要演到整个政坛生涯结束，甚至是表演一生。

曹操这可以直接进入现场直播的演艺水平，不但能感动“众将士”，还能“感动”当今天下。否则，今天的我们，也不会知道曹操哭典韦这一经典故事。

21 假丞相真天子

据国防大学出版社《中国皇帝史》统计，从秦始皇统一中国到清代宣统覆灭，我国封建社会共经历了352位皇帝。其中统一朝代的皇帝有146位，分裂时期的皇帝有206位。汉末天子汉献帝刘协自九岁登基以来，一直被人抢来抢去。在中国历史上，他可算是这二百多位皇帝中最可怜的傀儡皇帝了。

在汉末这片天下，丞相曹操与天子刘协可称得上一对最有意思的君臣。丞相牵着天子的鼻子走，这曹操简直是把假丞相真天子当到了极致。

汉朝历史悠久，西汉与东汉加起来长达四百多年。四百年安定的日子，在人们心中凝聚成的观念是根深蒂固的，那就是天下是姓刘的！这几乎是平民百姓所形成的一种共同的心理倾向。

可是，天下到底应该是谁的呢？人民究竟希

望谁来一统天下呢？

我们来看看电视剧《三国演义》中曹操与耿纪的一段对话——

曹操：你们誓死捍卫的汉政权、汉正统，到底好在哪儿？汉廷自桓帝、灵帝以来，腐败透顶！皇帝卖官、朝臣腐朽、诸侯割据、横征暴敛，民不聊生，这就是你们誓死捍卫的正统？！

耿纪：我读圣人之书……（被曹操打断）

曹操：圣人之道要是管用，圣人早就自己一统天下了！你们这叫愚忠，你们的愚忠比贪官昏君更可恨！

什么是正统？谁该是正统？刘姓人？可笑。如果从人民发自内心的愿望出发，天下则应该是那个能带领人民走出水深火热的乱世，走向太平盛世的人。那么，刘姓中如果没有这样能力的人，天下是否就应该进入倒计时呢？

从夏商周到秦汉，王朝历经多少代？皇帝换了多少人？皇家换了多少姓？谁敢说自己是正统？谁又有资格说自己是正统？

从公元189年到公元196年，汉末天子刘协的命运可谓是九死一生。他先是因为自己在董卓面前侃侃而谈，且是董太后所养，故董卓将他扶上了皇帝的宝座，此后便被董卓牢牢地控制在手里。董卓死后，刘协成为诸侯争夺的目标。他被迫流亡，屡被劫持，历尽千辛万苦，终于又回到了首都洛阳。

此时的洛阳已是一片废墟，皇帝和百官的饮食起居形同乞丐。大汉所谓的堂堂正统“天子”却是个摆设和傀儡。地方各股势力，还有内官和外戚，都想弄一个小皇帝在手中以号令天下，或者想另立一个由自己控制的皇帝。这可谓是“当此之时，家家欲为帝主，人人欲为公侯”。

曹操呢，他当然也想。早在曹操收编青州黄巾军时，毛玠就曾建议曹操“夫兵义者胜，守位以财，宜奉天子以令不臣”。曹操也接受了这一建议，当汉献帝还在长安时，他便多次遣使通好，以加强联系。

从公元196年起，在近六七年的时间里，曹操在军事、政治、经济几个层面也搞出了一些大动作。他伐陶谦，击吕布，大搞屯田制，也有了自己的根据地。所以，当汉献帝被劫持到洛阳时，曹操便在董昭等人的策划下把献帝转移到自己的根据地——许。而后，曹操则以辅佐王室的身份，用汉王朝的名义推行自己的政治主张。

这一招，的确比袁绍、董卓之流高明。曹操他不换皇帝，而是把这个皇帝客客气气地给供奉起来，利用皇帝这张王牌来号令天下、号召诸侯，来管理（或说惩治）那些拥有不臣之心（或说反贼）的人。他去当实际上的汉帝，让汉帝去当实际上的臣子。尽管君不君臣不臣，但君臣依旧是分明的。

“奉天子以令不臣”与“挟天子以令诸侯”，二者是有很大区别的。虽然这两种叫法是一个概念，但是奸与忠的问题却凸显出来了。关于这一点，就是《三国志》不记载，《三国演义》不演义，大家也知道是怎么一回事，只是叫法不一罢了。

甚至，在曹操那里，他也可能自言自语——我就是“挟天子以令诸侯”！谁能把我咋滴？有本事你们也去“挟”啊。

汉天子是被迎到许都给奉起来了，接下来的“三国戏”又会怎么“演”呢？拥有挟天子之名的曹操能否号令天下诸侯呢？

袁绍发觉曹操的地位高到威胁他了，心想，我袁绍以前帮助过你曹操多次，你“今乃背恩，挟天子以令我乎”。袁绍很生气，大骂曹操。在接下来曹操“挟天子以令诸侯”的二十多年间，袁绍、袁术、刘备、孙权等人，没有一个诸侯肯听从曹操的号令。

曹操也曾想过放弃汉天子，但如果这样的话，自己“匡扶汉室”的招牌将会毁于一旦；如果取而代之，又担心自己会成为天下公敌。所以，对于汉献帝这根食之无味、弃之可惜的鸡肋，曹操就采用了一个折中的办法——与天子合二为一！也即天子是衣帽，他是肉体！

其实，从毛玠为曹公提出的战略目标，以及曹操早年的一些作为来看，曹操早年并没有过于膨胀的野心，或说当时的曹操还算是忠于汉王朝的。不过，曹操的“忠”与耿纪的“忠”比较，同是忠于汉室，二者却有着截然相反的意义。

如果说耿纪是愚忠，那么曹操则是智忠。曹操玩弄着汉天子，让汉天子说自己是忠臣。耿纪为了忠于汉室丢了性命，汉天子却浑然不知。

北方统一后，中原荡平，汉末天子在掌中，许多部下和孙权都曾劝说他废汉建魏。可是，曹操依然没有，为什么？他“忠”于汉室……既然当初没有篡汉，那现在更没有必要了。他还是一直安安分分地做着他的“周文王”，奉汉正朔，做着汉臣，最终也是在魏王和汉丞相的位子上死去。

我们不禁想问：汉丞相、曹魏王，都到这个地步了，你为什么还不称帝呢？曹操听到也许会大笑——

《三国志》它不“演义”，陈寿不是说过吗？——在曹操我去见阎王爷的前一年，也就是公元219年，孙权上书给我，表示愿意俯首称臣尊奉我为帝。可是，他的伎俩当即被我识破了。我告诉他：“是儿欲使吾居炉火上耶！”一旦我称了帝，那势必会陷入水深火热之中。

还有啊，《述志令》里我不“演戏”，我不是说过了吗？——“身为宰相，人臣之贵已极，意望已过矣！”成为事实上的皇帝，我当然满足。可是我已经享受到了皇帝的各种待遇，就没有必要公然登基称帝了。

那样反而会让刘备、孙权抓住把柄，陷于被动！如果一定要这个皇帝的名号，那就让自己的儿子去做吧。“若天命在吾，吾为周文王矣！”

这是一个多么精明的人啊！诸葛亮那么神机妙算也没算过曹操。曹操在要不要称帝这件事上处理得多么恰到好处啊——

第一，在权力上，他以丞相的名义做着皇帝应该做的事。

第二，在待遇上，他虽然是魏王却享受着皇帝的待遇。

第三，在形式上，他维护着儒家的伦理纲常，至死都效忠于大汉。

第四，在内容上，他已经实现了自己的宏图大志。

第五，在名誉上，他让刘备、孙权乃至天下人都抓不住把柄。

第六，对于未来，他女儿已是皇后，他又为儿子日后称帝准备了充足的条件。

那么，可怜的汉末天子到哪去了呢？曹操这个名义上的丞相、实际上的天子没说，但历史告诉了我们——

哪凉快去哪了，哪清静哪待着去了。这汉末的天下，早已换了“天子”……

22 许攸背后的官渡

官渡之战成就了曹操——不管在名气上，还是在争霸天下上。这一战，虽然是许攸帮助曹操打赢了官渡这场战役，可是，许攸却也是“死”在这场令曹操骄傲更令自己骄傲的战役上……

综合各种史料来看，许攸本为袁绍帐下一位最得力的谋士。官渡之战时其家人因犯法而被收捕。许攸因此背袁投曹，并为曹操设下偷袭袁绍军屯粮之所乌巢的计策，袁绍因此而大败于官渡。后许攸随曹操平定冀州，因自恃其功而屡屡傲慢无礼、口出狂言，终因触怒曹操而被杀。

关于许攸，《三国志》里没有他的传记。罗贯中在《三国演义》里也基本上是按照陈寿在别人的传记里对许攸只言片语的记载来演义的。但是，至于现实，除了墓中的许攸和曹操，没有一个人知道事实的全部真相。

许攸背后的“官渡”，是戏；官渡背后的“许攸”，是谜。

那么，许攸和官渡背后的曹操呢？——他是在“谜”中演“戏”。

可是，许攸在投奔曹操前怎么也不会想到，他的宿命竟然是“成也官渡，败也官渡”。

官渡，它是许攸与曹操的“交点”。那么，我们在未剖析许攸之前，还是先看看这场三国时期著名的以少胜多的战役是如何拉开序幕的。

公元 196 年，曹操把汉献帝挟持到许昌。从此，曹操的势力西达关中，东到兖、徐州，控制了黄河以南，淮河以北的大部地区，从而与袁绍形成沿黄河中下游南北对峙的格局。

公元 197 年春，袁术在寿春（今安徽寿县）称帝。

公元 198 年，袁绍击败公孙瓒，占有青、幽、冀、并四州之地。此时，袁绍的兵力已远远胜过曹操。他自然不甘屈居于曹操之下，决心同曹操一决雌雄。当时，群雄实力最强的是袁绍，袁绍也是曹操统一北方最强大的敌人。

公元 199 年 6 月，袁绍挑选精兵十万，战马万匹，企图南下进攻许昌。曹操也发兵官渡。于是，官渡之战的序幕由此拉开。但一场“官渡”，许攸走进曹营是焦点。我们来看看许攸走进曹营时，曹操是如何表演的。

《三国志·武帝纪》裴松之注《曹瞒传》曰：“公闻攸（字子远）来，跣出迎之，抚掌笑曰：‘子远来，吾事济矣！’……”

曹操听说许攸来了，忙得鞋都顾不上穿，就跑出去迎接，并高兴得拍手大笑：子远来，我大事可定也！刚入座，两人就迫不及待地交谈起来了。

许攸：“袁绍气势正盛，你怎么应对？粮草还能撑多久？”

曹操：“一年。”

许攸："不对，说实话！"

曹操："半年。"

许攸："看来您并不想打败袁绍，谎话连篇！"

曹操："刚才逗你玩儿的。其实只够一个月，你看怎么办？"

许攸："你在这里死等，既无外援又无粮，不想活了啊。现在袁绍那粮草很多，都在故市、乌巢呢，而且戒备不严；在他不防备的时候，你派几千轻兵去偷袭他，最多三日，袁氏死定了。"

曹操高兴死了。立马选精锐步骑，全都挂着袁军的旗帜，堵住战马的嘴巴，拿着打火机和柴薪，夜间抄小路出发了。所经之路，若有人追问，一律回答：袁公恐怕曹操偷袭后军，派兵加强防备。听者信以为真，一切安然无恙。可是，等曹军到达袁绍的仓库，只放了一把大火，袁军营中立刻惊慌失措，乱作一团。

曹操就这样起死回生，袁绍就这样生死置换。这一切，皆因一个许攸。

我们再看看许攸。他实在是一个悲剧英雄。关于他对袁绍的作用，这里有一首后人的诗为证：

本初豪气盖中华，

官渡相持枉叹嗟。

若使许攸谋见用，

山河争得属曹家？

据史料记载，在袁绍久攻官渡不下之时，曹操的使者被许攸截获。许攸从使者的催粮信中得知，曹操没粮了。许攸就向袁绍献计，建议他趁曹操大部队屯在官渡之际，分一支部队星夜袭击许都，把汉献帝那根鸡肋给抢过来。然后再一举拿下许都，擒获曹操。

如果这样的话，曹操肯定会全军覆灭。只可惜，许攸如此完美的计策，袁绍他这个笨蛋竟然不予理会。为此，许攸感到非常失望。

从这个记载看来，许攸不但有胆识，而且还很有头脑。他的这一计策恰恰是曹操所害怕的，可偏偏袁绍不听。有这样一个主子，许攸很郁闷。他的忠心换来的竟然是一肚子怒气。不过这个时候，许攸还没有叛变的打算。

《三国志·武帝纪》曰："绍谋臣许攸贪财，绍不能足，来奔，因说攻击琼等。"许攸贪财，而且到了袁绍满足不了他的地步。所以他离开袁绍投奔了曹操，并献上烧掉袁绍粮草的计策。

不过，这里的记载有点让人难以置信。如果说许攸已经贪到了袁绍不能满足的地步。那么，他早就应该跑了，为什么非要等到官渡之战发生前夕呢？况且，先前许攸还为袁绍献上那么多的好计谋。

让许攸生气的是，袁绍不但收押了他的家人，而且还对他所献的计策白眼相对，加上同为谋士审配的谗言加害。在这种情况下，许攸如果继续待在袁绍身边，恐怕连生命也有危险。

这样的主子，离开也罢。

许攸念着与曹操是故旧，所以聪明地走向了曹营。在曹营里，许攸建议曹操速战速决，兵分八路攻占邺郡。结果，袁绍仓皇逃跑，在官渡之战中败于曹操。

官渡一战，让袁绍从此一蹶不振，一直郁郁寡欢，直到公元 202 年去世。

袁绍死后，许攸又献计曹操决漳河水淹冀州城。这一计，又为曹操赢得了一个冀州城。这一下，袁绍基业算是彻底崩溃了。曹操心里很清楚——在袁绍基业崩溃的背后，许攸是一号功臣！

曹操看出来，许攸的才能在三国众谋士之中还是可以排在中上等的。

他不但尽心竭力地为主子的江山出谋划策，而且，也很能够权衡利弊，有一定的道德底线，不到绝路他也不会背叛主子。

官渡之战胜利了，冀州也被攻克了。这一切功劳都离不开一个关键人物——许攸。在这个春风得意的时刻，许攸的尾巴也翘起来了。

史料记载，有一次，许攸率领随从从邺城东门出去。看着这道门，许攸大发感慨，抑制不住的兴奋让他得意地对左右说："如果没有我的话，他们曹家和你们这些人能随便出入这道城门吗？"

许褚听了这话，立即反驳许攸："我们将士们出生入死才夺得这座城池，你怎么可以这样说呢？"

二人发生争执，许攸破口大骂，许褚拔剑而出，结果文臣斗不过武将，许攸就这样死了。许攸究竟是惹怒了曹操还是惹怒了许褚呢？如果没有曹操的命令，许褚敢杀许攸吗？

历史小说中说许褚怒杀许攸，曹操深责许褚。在自己的目的达到后，曹操也给足了许攸面子。这虽然是从现实中演义过来的，不过也确有几分神似。据《三国志·崔琰传》记载："太祖性忌，有所不堪者，鲁国孔融、南阳许攸、娄圭，皆以恃旧不虔见诛。"

关羽死在自己的傲慢里，孔融和许攸的死也与自己的傲慢有关。一个人不谦虚本也不是什么大错，但关键看在谁面前。一些名士就犯了这样一个"大忌"——不给领导面子！在魏国，你可以不给任何人面子，但你不能不给曹操面子。

其实，致使许攸落到如此下场的原因还有一个——许攸不是过高地估计了自己的才能，而是过高地估计了曹操的"唯才是举"！殊不知，这个"唯才是举"是有隐形的前提条件的，那就是曹操的最高尊严和最大利益。只要侵犯到这些，一切都可以成为牺牲品。

在三国，在帝王麾下，不仅是曹操，袁绍对许攸不是也“怒而欲杀之”吗？所以，许攸的悲剧是注定的。当然曹操的卸磨杀驴也够狠毒的，如果不是“许攸”，如果不是“官渡”，他能否成为“魏武帝”恐怕还要另当别论。

不过，好在曹操还算一个识大体、顾大局的有情人，至少，他在表面上给足了许攸面子——他让许攸死得风风光光。史载，曹操把许攸“厚葬之”。

公元204年的那个黑夜，许攸带着他性格中固有的傲慢去了，曹操留下一声长长的叹息……这究竟是谁的悲哀？许攸死不瞑目。

23 袁绍坟前去吊孝

读过《三国志》的人都清楚：周瑜死后去吊丧的是庞统。在现实中，诸葛亮其实根本就没去。但是，《三国演义》的作者罗贯中让他去了。而曹操去袁绍坟前吊孝，那是真真切切的史籍和小说中都有的事。

冀州人心要拉拢，发小情怀要体现。所以，在消灭了袁绍之后，曹操就去袁绍坟前吊孝了。

诸葛亮哭周瑜和曹操哭袁绍，说来应该算是《三国演义》里极其相似的精彩两笔。暂且不说诸葛亮吊孝的真伪，我们先看看二者的相似性。

首先，从关系上说，曹操与袁绍是发小，诸葛亮与周瑜也是朋友。但他们是“知己”，更是“天敌”。

其次，从职位上说，曹操与袁绍都是各自单位的“董事长”；诸葛亮与周瑜都身居要职，是单位非常关键的二号人物。

再次，从家族上说，袁绍出生于“四世三公”之家，曹操、周瑜家族也是朝中世代皆有高官；诸葛亮与他们相比可能稍微差一些，但能够在他这一代显赫至极，也的确够厉害。总之，他们的家族除了袁绍把家族的兴旺化为泡沫，其他三位均是在自己这一代把家族带向了鼎盛时期。

第四，从利益上说，曹操与袁绍是为了各自的天下，诸葛亮与周瑜是各为其主，大家都是不得已而为之。

如果说诸葛亮哭周瑜是在戏中被动演戏，那么，曹操哭袁绍则是在现实中主动演戏。我们可以看出，曹操哭荀攸、郭嘉、典韦等文臣将士，其眼泪的性质是一样的。但唯独哭袁绍耐人寻味，而且哭得深不可测。

其实，在曹操哭袁绍的眼泪里，有许多成分交织着。那不是单纯的演戏，也不是单纯的祭奠，更不是不忍看到袁绍死去。那么，这滴滴眼泪里究竟包含了什么呢？

第一，猫哭耗子假慈悲。袁绍是曹操的强硬对手，按照一般人的理解，对自己的死敌挖地三尺、掘墓鞭尸的做法不是不可能的。但是，曹操没有这样做，而是“假惺惺”地哭了。这难道不是猫哭耗子假慈悲吗？关于这一点，我们不得不承认，这眼泪里确实有这么一层意思。

为什么？拉拢冀州人心啊。

让自己手下和袁绍手下的人都看到，我曹操是一个仁爱宽容的主，你们都放心地、踏踏实实地跟着我混吧。不过，这对于一个想在乱世中一统天下的英雄来说，似乎也说得过去。换成任何一个人，说不定都会像曹操这样做。这一点，是最符合一个枭雄的本性的。

第二，昔日那段交情的总结。《三国志·袁绍传》曰：“绍有姿貌威容，能折节下士，士多附之，太祖（曹操）少与交焉。”袁绍、曹操二人是少年时期的朋友，两个人一起长大，关系很铁。甚至深夜劫持新娘的事他们两个都一起干过。曹操很懂袁绍，袁绍也非常了解曹操，差不多应该算是知己。

另外，曹操与袁绍最深的交情是战友情。曹操这一哭，也算是对昔日这段情的一个交代。长大后两个人一起讨伐董卓，当时关东十几路诸侯共同起兵，袁绍为盟主，曹操为奋武将军。一个是典军校尉，一个是上军校尉，二人同仇敌忾，并肩作战。这一段情意，并非一般关系所能比拟的。

第三，英雄相惜之感慨。袁绍没有我们想象中的那么差。如果他很差劲的话，能有那么大的势力吗？他是四世三公的后代，这一点不错。可是，冀、青、幽、并这四州的主子也不是那么好当的啊。

另外，袁绍也不是那么好灭的。官渡之战时，如果不是许攸在关键时刻投曹，导致军事机密泄露，最终胜负如何还说不定呢。官渡之战袁绍兵败身亡，死得很悲惨。作为发小和战友的曹操，当然会有英雄相惜之感慨。

第四，人在江湖，身不由己。袁、曹二人，之所以由发小到战友，再从战友到敌手，是因为彼此都想得天下。虽然二人于私是好友，于公是死敌，但这对“死敌好友”直到生命的最后一刻，都没有机会共聚一处拉拉家常、聊聊往事。在这乱世中，他们被一些自己无法左右的力量裹挟着，为了一些超乎友情之外甚至超乎个人利益之外的东西，不得不与对方反目成仇。

第五，一种对苍天在关键时候送来一个许攸的激动。曹操这一哭，实际上表露的也有一种对个人无力抗争命运的无奈。本来，许攸为袁绍献的计策足以使曹操全军覆没。但是，正因为袁绍脑袋短路，让许攸来到了曹营，结果二人的命运来个天翻地覆。想想这些，曹操自己心里都发毛啊。苍天突然送来一个许攸，曹操怎么会不在凯旋后到袁绍的坟前说说知心话呢？

第六，一种人类与生俱来的孤独感。我们先看看曹操曾经留下的诗篇——“对酒当歌，人生几何？譬如朝露，去日苦多……”“月明星稀，乌雀南飞，绕树三匝，无枝可依……”。昔日的好友，今日重逢却是一存一亡，地上的哭祭地下的，坟墓外的哭祭坟墓内的，这景象往往会产生双倍的悲怆之情。

曹操对袁绍的哭祭，是君子的胸襟，大家的风范，小家子气的人是很难体会到的。为了得到天下，自己的亲朋故友一个一个离他而去。甚至，也许还会有更多的人会“这样”继续离他而去。说不定哪一天，他曹操也终将会离开这个可爱又可恨的世界。这种人类与生俱来的孤独感，这种失去亲朋挚友的灰色情绪，让曹操切切实实地感触到了人生的变化无常和生命的脆弱。

在军阀混战的东汉末年，袁绍和曹操是群雄中势力最为强大的两支。他们都将对方视为头号敌人，皆欲将对方置于死地。可最终还是曹操以少胜多在官渡摆平袁绍。

“官渡”不是打打闹闹，是会死人的。对于任何一方都无法重来，当然也重来不起。

袁绍一败涂地，吐血而亡。曹操却跑到袁绍坟前痛哭流涕地回忆当年十几路诸侯讨伐董卓时两人的一段对话来了。《三国志・武帝纪》是这样记载的——

袁绍：“若事不辑，则方面何所可据？”（如果这次讨伐董卓不成功的话，哪里可以作为据守之地呢？）

曹操："足下意以为何如？"（你意下如何呢？）

袁绍："吾南据河，北阻燕、代，兼戎狄之众，南向以争天下，庶可以济乎？"（我想南据黄河，北靠燕、代，兼有戎狄的兵众，向南去争夺天下，这样应该可以成功了吧？）

曹操："吾任天下之智力，以道御之，无所不可。"（我要任用天下有智慧、有能力的人，用道义来统率他们，无论在什么地方都可以取得胜利。）

曹操又说道："此言如昨，而今本初已丧，吾不能不为流涕也。"

是啊，这段对话仿佛就在昨天，但是，盟友袁绍今天已经离世了，曹操怎能不为之流泪呢？

史载，袁绍自从部队被击溃以后，得病吐血，五月就死了。公元204年，邺城平定后，曹操也来到袁绍的墓前哭祭昔日好友了。而且，他还安慰袁绍的妻子，并把大量的宝物还给袁家。袁绍妻作何表情史料没有记载。但从表面看曹操还是挺够哥们义气。不过，这是一种在某种高度原则下的义气……

曹操从袁绍的墓前痛哭一阵走了，他走之后，却给我们留下了无尽的反思。曹操把网罗人才作为第一要事，袁绍把争抢地盘作为第一要事，这就是两个人的差别之所在。

关于网罗人才的事，袁绍从不曾深深考虑过这一点。

其实，他手下的高人也不少，但大都跑到曹操阵营里去了。"道不同则不相为谋，志不合不相与随"，贤臣遇到庸主，也只有这样了。

这正如曹操所言："袁绍色厉胆薄，好谋无断；干大事而惜身，见小利而忘命。"即使得到人才又能怎么样呢？袁绍门下的谋士们互相嫉妒，互相谋害，更何谈他们齐心协力共事袁绍了。

袁绍的夫人刘氏出身名门，是袁绍很宠爱的正妻，是袁熙和袁尚的生母。袁绍在她的怂恿下废长立幼，犯下了一个致命的错误。袁尚坐上本不该属于他的位置，首先已经破坏了家族内部团结。更糟糕的是，袁尚在击败大哥之余，还要赶尽杀绝。

其次，袁氏内部还在自相残杀。这是曹操最想看到的一幕。

曹操在袁绍坟前的哭，这难道是“乐极生悲”？

许多人都说，曹操的眼泪亦有真情，但更多的是表演。他善于演戏，几百年后被人搬上戏台，从唐宋一直演到今天。不过，笔者还是相信——在曹操的眼泪里，除了少许被动的“水分”，剩下的全是主动的“感情”……因为，这滴滴泪水皆是因动情而流下的！

24 马背上的舞蹈

舞台上的舞者很多，马背上的舞者呢？如果不是杂技演员的话，那一定是从战场上“凯旋”的统帅。在袁氏残余一路“奔北”的路上，曹操竟然以马上舞奉陪到底。

于官渡打败袁绍之后，战争的规则促使曹操斩草除根。他开始继续追杀袁绍的三个儿子：袁尚、袁谭、袁熙。幸运的是，他又打赢了，他欣喜若狂。王粲《英雄记》曰：“建安中，曹操于南皮攻袁谭，斩之。操作鼓吹，自称万岁，于马上舞。十二年，攻乌桓、蹋顿，一战斩蹋顿首，系马鞍于马拃舞。”

袁绍的儿子们为何逃向乌桓呢？乌桓与袁氏势力究竟有着怎样的联系？

据史料记载，“乌桓”是中国古代的一个民族，亦作乌丸，乌桓族原为东胡部落联盟的一支。当时辽东、辽西和右北平三郡的乌桓人形成了强大的部落联盟，并以柳城（今辽宁省朝阳市朝阳县柳城镇袁台子村）为政治中心，史称“三郡乌桓”。蹋顿最为强大，故为三郡首领。

再说袁绍与乌桓。正当中原群雄逐鹿之际，称雄北方的袁绍联合乌桓灭了公孙瓒，占领幽州。为了答谢乌桓，公元199年，袁绍假借汉献帝的名义封乌桓众首领为单于，还将自己的女儿嫁给三郡乌桓首领蹋顿为妻。

就是这样的一层关系，让袁绍的儿子们一个个逃向西北，寻求政治避难。这难，是否能避得过去呢？我们还是欣赏着曹操这马背上的舞蹈，来回忆一下“官渡”之后的岁月——

公元200年，袁绍命陈琳撰写讨曹檄文，官渡之战开始，曹操偷袭乌巢。

公元201年，曹操北伐，于仓亭打败袁绍。

公元202年，袁绍病死，袁尚即位，诸子不和。袁尚领冀州，袁谭占青州，袁熙占幽州，袁绍外甥高干占并州。

公元203年，袁尚攻击袁谭，袁家发生内战。

公元204年，曹操平定冀州。袁尚再次攻击袁谭。高干投降曹操。曹操破邺，袁尚回救，被曹操所破。

公元205年，曹操平定青州和幽州。袁谭被杀，袁尚、袁熙北投辽西乌桓。

公元206年，曹操平定并州。

公元207年，曹操大破乌桓，消灭袁氏残余势力，统一了北方。

八年的时间，曹操一年一个样；八年的时间，袁氏家族也一年一个样。

东汉的州郡很大，全国只设十三州部。官渡之战前的冀、青、幽、并四州，都还是袁绍的根据地。短短几年过去，地盘的主人竟然变成了曹操。

更悲惨的是，袁绍被曹操气死了，儿子被曹操打死了，就连漂亮的儿媳妇也被曹操的儿子曹丕霸占了。曹丕趁父亲忙于军务，在邺城的袁氏宅第乱逛，“涉其庭，登其堂，游其阁，寝其房”，这话可是曹丕自己讲的。此记载出自曹丕著作《典略》，此书为我国最早的汉族文艺理论批评专著，写于曹丕做魏太子时期。

中国历史几千年，从战场上凯旋归来，于马背上一次次手舞足蹈、欢呼雀跃的大将军，有史记载的恐怕只有曹操。如果把这两次的马上舞，与他在坟前哭祭袁绍时的表情放在一起，恐怕哭的该是袁绍了。

先灭了袁绍，再干掉嗣子袁尚，最后来个一窝端。从乌桓归来，曹操为自己的“三步走战略”得意忘形。他甚至恨不得飞到天上去向玉皇大帝也报告一声他胜利的消息。

把袁绍送进坟墓以后，对于袁绍的三个儿子，曹操这三步（仗）干得很漂亮。其实，他舞蹈里的欢乐，不仅仅是从乌桓的战场上感受到的，那是从官渡战场到乌桓战场一连串的快乐音符的组合。

袁尚是袁绍的嗣子，擒贼先擒王，这是曹操最常用的作战方略。袁绍死后，待在邺城的袁尚，是曹操第一个要干掉的目标。

公元 204 年二月，在袁尚出兵攻打袁谭之际，曹操也向着邺城打过来了。袁尚看曹操来了，内战为外战让路，他不打自己的兄弟，率军回来与曹操开战了。

可是，曹操已经包围了他的营寨。想起官渡，袁尚害怕了，他做出了一个最大方的选择——请求投降！可是，曹操不许。谁知道袁尚会不会像张绣一样反悔呢？再说，袁氏家族，曹操本来就没打算留一个种子。

在请降不允的情况下，袁尚乘夜逃奔到中山（今河北省定县），邺城遂被曹操攻破。

遗憾的是，这次没要了袁尚的小命。

袁谭与袁尚不和，对于曹操来说是再好不过的了。袁谭曾经答应曹操一起联合攻打袁尚。可是，等到曹操围攻邺城时，袁谭翻脸不认人了。为此，公元205年正月，曹操以负约为名，兴兵进攻南皮。袁谭奋力抵抗，最终还是在曹操的急攻之下战败，被曹纯麾下虎豹骑所杀，冀州平定。

官渡是第一战。邺城是第二战。第三战，乌桓见。我们且看曹操如何继续表演。

袁绍的儿子才死了一个，袁尚、袁熙兄弟俩逃奔三郡乌桓了，袁氏势力还有残余。所以，曹操开始了灭袁的第三步。

三郡乌桓与袁氏关系一直很好，并且屡次侵扰魏国边境，掳掠人口财物。这一点，也是曹操最为恼火的。为了肃清袁氏残余势力，也为了彻底解决三郡乌桓入塞为害问题，曹操决定远征乌桓。

公元207年5月，曹操亲率大军向乌桓出发了。到达无终（地名，因无终山而得名，今天津市蓟县）时正值雨季，道路积水，可谓是“浅不通车马，深不载舟船”。这可怎么办？

曹操在徐无山请出了当地的“地理通”田畴，田畴言“尚有微径可从”。此微径，就是从今天的河北省喜峰口到冷口一线，也即古时所称的“卢龙塞”交通要道。

于是，曹操采用田畴的建议，在大路旁立一个大木碑，写上：“方今夏暑，道路不通，且俟秋冬，乃复进军。”曹操佯称因道路不通已撤军。乌桓人见后信以为真，逐渐放松了警惕。

实则，曹操已率轻装部队从“卢龙塞”火速出关。经过白檀县，穿

曹操北征乌桓

越平冈县，深入鲜卑族的居住地，一路急行到白狼山附近，直指乌桓老巢柳城。在曹军离柳城不足二百里时，乌桓军才发现曹操来了。首领蹋顿与袁尚、袁熙等人率数万骑兵前去迎击。

二军相遇，曹军辎重在后，且“被甲者少”，而乌桓军军势甚盛。曹操不禁皱起了眉头，在无望中登上白狼山，观察了一下敌军的阵势。没想到，就在这一眼的瞭望中，曹操看到了无限战机——敌军虽多，但阵势不整!

曹操遂命大将张辽为前锋，乘敌阵骚动之际，发起猛攻。顷刻间，乌桓军大乱。这一次，曹操是以有备攻不备，速战速决，斩杀了首领蹋顿。

老大死了，属下很识相，胡、汉降者达二十余万。可是，不识相的袁尚等人又逃奔到割据平州的公孙康。

蹋顿的死，让公孙康觉得袁尚这个灾星是不能收留的。否则，蹋顿的结局就是自己的结局。他很明智!

曹操的属下劝曹操乘势进击公孙康，曹操很自信地说："吾方使康斩送尚、熙首，不烦兵也。"不久，公孙康果然拿着袁尚、袁熙的首级，来向曹操送大礼了。

诸将不明所以，公孙康怎么会这么听话呢?曹操告诉诸将："彼素畏尚等，吾急之则并力，缓之则自相图，其势然也。"是啊，狗急了还会跳墙呢，如果把公孙康与袁尚、袁熙逼急了，他们肯定会合力对付自己的。还是留点时间，让一向畏惧袁尚的公孙康好好思考一下吧。于是，曹操不费一兵一卒，攻破了三郡乌桓。袁绍的儿子们也都去见袁绍了。

这一年的冬天，郭嘉因水土不服、气候恶劣、日夜急行操劳过度，在从柳城回来的途中病逝。归途中，这一路的确走得很险。据史料记载，这个时候，既寒冷又干旱，二百里之内看不到水源，士兵们凿地三十余丈才冒出一点水来。所有官兵皆疲乏难耐，饥饿难忍。在最无奈的时候，曹操含泪杀了数千匹马让官兵们充饥。

尽管如此，曹操还是抑制不住内心的喜悦，在马背上跳起了自编自导的舞步。也许他是在用这种很特别的方式告诉士兵们，即使在最困难的时候，依然要保持乐观的心态，首先不要自己对自己失去信心。

后来，曹军将士九死一生地回到了家，曹操重赏文武百官。重赏的同时，曹操也不忘告诫参战的文武百官。他说，我们这次是侥幸才得以在极度危险中突围。虽然胜利了，但这是天助我们也！所以，我们要戒骄戒躁，不要以为我们打了一个理所当然的胜仗。

关键时刻能够凝聚大家齐心协力，使曹操的军中没有再出现官渡之战前许攸这样的人。而且，曹操让大家知道：曹军虽然侥幸取胜，但每个人都得到了重赏！对于这样的结果，除了感激领导的指挥有方，应更加死心塌地地报效主子。

那个当年曾向曹操展示皇帝专用玉玺，并想把刘虞扶上龙椅，玩于股掌之中，待时机成熟并取而代之的袁绍，怎么也不会想到自己会败得这么惨，曹操会赢得这么险。

然而，像袁绍这样有着此种“皇权观”的中国古代帝王和准帝王太多了。但他们叹息的太多，反思的太少，各怀鬼胎，却连个鬼也孕育不出来，最后导致鬼把戏胎死腹中的结局。

思想不能独立于皇权之外，于是，这帮人对皇权的反思和追问显得如此苍白无力，一轮又一轮的悲剧上演，这是他们注定的结果。别说是像曹操一样在马背上舞蹈了，估计就算给他们一个太平盛世这样的大舞台，这帮人也旋转不起来。

这马背上的准皇帝，这马背上的凯歌，这马背上的舞蹈，是曹操在历史上一路铁蹄留下的痕迹。如今，我们沿着史籍找到今天，终于明白了这舞台之外的“舞”中所承载的风采和神韵……

25 孔针尖遇曹麦芒

在我国古代，文人和统治者常常是一对冤家，他们彼此离不开，却又容不得。孔融与曹操，就是这样一个很典型的例子。

孔融是文坛的领袖，闻名遐迩，众望所归。这一点，曹操是离不开的。

但是，孔融清高自傲，有棱有角，其语言和思想锋利无比，总是看不惯一些政治黑暗面，凡看到的几乎都要揭露。这一点，是曹操最见不得的。

作为位极人臣、对政治地位无比敏感的曹操，需要文人用自己手下的笔和脑袋上的口，来为他的政绩涂脂抹粉。但他也最怕文人动不动就针砭时弊，特别是孔融这样的人出来发言讲话。

在当时那个时候，孔融就像文坛上的一根针尖，曹操就像政坛上的一根麦芒。那么，当孔针尖与曹麦芒相遇，又会撞击出什么火花呢？

我们先看看孔融的身世。他是孔子第二十世孙，是汉末知识分子的领袖。曾任过北海太守，为一方诸侯的人物。无论其门阀地位、士族资历、官僚职务、声名学问，在汉末都称得上众望所归。小时候，孔融让梨的美名，古今人人皆知，大人小孩皆知。孔融死后，曹丕向全国悬赏他的文章，有上交者“辄赏以金帛”。在《典论》中，曹丕还把孔融列为“建安七子”之首。

孔融让梨

按说，像孔融这样的名士，如果稍微有那么一点政治眼光，对曹操多一点理解，以他的身份和身世，在当时那个社会，在曹操唯才是举的制度下，他完全可以对社会的发展作出更大的贡献。

在汉末，名士通常有两种：一种是被统治者用来当招牌的，也就是

“御用文人”；另一种是未当成招牌而与统治者闹别扭的，也就是“民用文人”。孔融则属于后者。

汉献帝刘协，说好听点是傀儡，说不好听点他就是“高级俘虏”一个，是用镀金牢笼关起来的囚犯，差不多相当于国宝级动物。在许都，曹操说了算，他是老大，拥有予取予夺的最高权力。

作为赫赫有名的大名士孔融，他认为自己是在给汉献帝打工，他吃着曹操的，喝着曹操的，还领着曹操发的工资，却不买曹操的账，他就是跟当权者不合作。

公元 208 年，也就是赤壁之战那年，孔融被曹操所杀。这一年，在曹操的生命里，都发生了什么事呢？

6 月，曹操被封为汉丞相；

7 月，曹操南下征讨刘表；

8 月，刘表病死，曹操杀孔融；

9 月，刘琮投降曹操；

12 月，赤壁之战爆发，曹操被孙刘联军打败。

在这个时间表之外，还有一组更有意思的时间表：

公元 198 年，祢衡死了；

公元 208 年，孔融死了；

公元 212 年，荀彧死了；

公元 216 年，崔琰死了；

公元 219 年，杨修死了。

从历史年表可以看出，曹操在官渡一战告捷后，北方基本统一，他不久也被封为汉丞相。再后来，就是一个个与他政见相左的大名士或谋士接二连三地死去。

那么，这些事件的背后究竟潜伏着一个怎样的动态历史规律呢？

有人说，孔融若活在今天，会是个很好的时评家，每天褒贬时事，像我们生活中的一面镜子。是啊，所谓“以铜为鉴，可以正衣冠；以史为鉴，可以知兴衰；以人为鉴，可以明得失”，就是这个理儿。但是，政治家大多讨厌太透明的镜子，因为那里面反映的缺点最清晰。而孔融就是这样的镜子。

有哪个政客会喜欢天天在监控器和喇叭下生活呢？更何况，那里本来就是见不得阳光的事件的诞生地。如果是好事，你去广播一下，这倒还好。可不好的是，你偏偏盯着这些见不得人的事去说事。

孔融也依仗着自己是名门之后，在当时名气很大，就出言无忌，目空一切。在大政方针上，与曹操公开唱反调。他还提出来千里之内不封侯。但是，这个时候，曹操已经被封为武平侯。他这不明摆着想把曹操赶出“侯之列”吗？可是，比猴子还精明的曹操，他怎肯被孔融赶出去呢？

曹操当然是不能接受的。孔融与被监视的汉献帝过往甚密，动不动就上表，这也很犯曹操的忌。是啊，孔融你就算不知道当今真正的天子是谁，至少你也应该清楚是谁在养着你，养着你们这帮“汉臣”吧。

煽动祢衡在大庭广众中辱骂曹操！这也不知是孔融睡梦中还是醉酒时干的事。要知道，孔融你不想活，他曹操还想体面地活着呢。你不让他董事长体面地活着，他怎么养你呢？他能让你活着吗？

对曹操的主张，孔融也是经常持反对意见。曹操欲与袁绍大战，孔融坚决反对；曹操要远征乌桓，孔融却认为乌桓不过是草芥小患，不值得兴师动众；曹操准备发兵讨伐刘表，孔融又持反对意见……这孔融简直是处处与曹操对着干。军旅之事如此，日常之事也如此。

曹操为节约粮食，颁布禁酒令。孔融却给曹操写了一封信，信中说，您如果非要禁酒的话，就干脆把婚姻也禁止算了。其实，禁酒令的颁布，这未必不是一件好事，在醉酒驾车事故高发的今天，它不是也一样盛行吗？

曹操的容忍度，自然是有限的。只是，在当时，北方尚未统一，内外局势不稳，所以曹操才不敢对孔融下手。作为一个统治者，他可以不理会与当局不合作的知识分子，因为不合作你可以隐居，帮不上忙至少你不会坏事。但是，对于不合作且捣乱的知识分子，他当然就不会放过了。至于何时处理掉，那只是时间早晚的问题。

孔融在一些问题上，一而再、再而三地得罪曹操。我们可以想象，孔融是孔子的后人，自幼就有让梨的美名，尽管在一些问题上与曹操意见不一，但曹操要想除掉孔融还是应该有所顾忌的。他要安排一个非常合适的罪名戴在孔融的头上。

那么，曹操安排的罪名是什么呢？——不孝！

也就是说孔融说了两条不孝的言论：其一是父母子女之间是没有恩情的；其二是在饥荒时期，如果手里有点吃的，与其给不好的父亲，还不如给别人。

根据官方公布的证据来看，孔融首先跟祢衡说了，然后是祢衡到处散布。要知道，祢衡现在已经死了，你怎么不说是孔子到处散布的呢？这不是莫须有的罪名吗？而曹操不容孔融辩护，其实，你直接说我想杀你不就得了。曹操这不明摆着是想从政治到道德、从肉体到声誉彻底打倒孔融吗？

在那个以孝治天下的社会，孔子的后代不孝这是什么概念？曹操用不孝来杀人，对于一个文人、一代精神领袖孔融来说，这是一个多么合适的借口啊，对己对人都可谓是一箭双雕。但是，曹操这一罪名并不能服众，找不到确切的人证物证你就一口咬定是真的，这到哪也说不过去。曹操这一招，确实有点狠毒，不过，换成哪一个帝王，孔融恐怕也免不掉会招来杀身之祸。

其实，曹操杀孔融，这里还有一个杀鸡给猴看的目的。因为，在当时，有不少冒牌的假名士，但他们一旦弄到一个名士的身份，就会像真名士一样表现出一副高傲的样子，摆出一个和当局捣乱的姿态。所以，这件事不仅仅是因为孔融对曹操统治权的“调戏”。

曹操杀孔融这一案，其实没有输赢之分。曹操为此稳固了自己一时的绝对统治权，但也为此在文人的世界里落下了一世的“骂名”；孔融在帝王面前狠狠地高傲了一把，但也死得极其冤屈和悲惨。

我们不可否认，中国历史前进的征程，既离不开孔融这样透明的镜子，也离不开曹操这样英明的领袖。历史留给我们的教训是——“曹操”与“孔融”，应该“如何合作”并“和谐共存”的问题……

26

荒唐的火把

东汉末年、三国时期以少胜多的三大战役之一——赤壁之战，可谓是无人不知无人不晓——曹操败了，关羽还他一个人情，把他从华容道上放走了，从此三国鼎立之势形成。

《三国演义》是这样演的，但在《三国志》中，关羽并不欠曹操的人情。赤壁之战中放走曹操的也不是关羽，因为乘胜追击的是刘备，是刘备晚到一步才致使曹操逃跑的。

曹操回到北方大本营给对手孙权写信说："赤壁之役，值有疾病，孤烧船自退，横使周瑜虚获此名。"陈寿也多次提及曹军有疫病，曹操对手下的诸将也是这么解释赤壁之战失败的原因的。

赤壁之战之所以失败，真的是因为军营中有瘟疫爆发？曹操烧战船难道是为了用火来进行消毒吗？这个理由实在是太荒唐了。当然，更荒唐的是曹操所放的这把火。

——周瑜下令放火烧曹操，可是曹操等败局定型后再放一把火烧了自己余下的战船，这是什么意思呢？

乌巢上空的那把火，让曹操在官渡之战中得意忘形。不过，周瑜和黄盖在水上所放的这把火，也让曹操在赤壁战船上傻愣那大半天。从自己下令放火的命令中清醒后，曹操才突然发现：原来天底下还有更“高级”的火把！

彻底消灭耻辱的印记，这不是一种勇气。对曹操这样的人来说，因不敢面对而躲避，这的确有点让人费解。看来，这把火只是曹操一个人眼中的“高级”，对所有的人来说，他都被标记着“荒唐”。

曹操赤壁这一败，可谓是败到了历史的转折点上。当然，如果不是曹操这一败，三国就没戏看了，历史也不精彩了。但曹操，他是不承认自己败的。

官渡大捷八年后，荆州军阀刘表病倒，荆州内部七拱八翘、矛盾重重。在这个千载难逢的关键时刻，曹操率军几十万南下，欲一统中国南北。

孙权和刘备也眼巴巴地盯着荆州，垂涎欲滴。可是，曹操过来了，两家也不得不积极准备迎战。

曹操一份战书送到孙权面前，本来，他以为这一封恐吓信一到，孙权会像刘琮一样不战而降的。但是，他错了。孙权也不是个白痴，他知道曹军有水土不服、短于水战、战马无粮、北方后患等弱点。于是，他不顾主降派张昭等人的反对，在周瑜和鲁肃两个主战派青年将领的鼎力支持下，让周瑜、程普率三万精锐水兵与刘备的两万将士合军溯江水而上。

孙刘联军在夏口部署好后，曹操的战船也已连好。这个时候，两军就差待机攻战了。

周瑜鉴于敌众我寡和久持不利的形势，决意寻机速战。部将黄盖针对曹军“连环船”的弱点，建议周瑜用火攻。周瑜对黄盖的火攻诈降计非常赞许。

其实，曹操的失败，三国的鼎立——皆因黄盖的这一计谋得到赞许，并付诸实施。

一封黄盖的伪降书送去了。数十艘装满燃料并插着与曹操约定旗号的战舰和快艇，也顺着东南风驰向了曹操的连环船。

这一股势不可挡的东南风，对曹操来说，刮得真不是时候。看来上天要让三国鼎立，谁也拦不住。既然来了，那就刮吧。

站在三国之外看三国，这还真是历史上一个最精彩的片段。

在接近对岸时，戒备松懈的曹军皆争相观看黄盖来降。可是，曹军的这份欢喜能维持多久呢？在黄盖的火把还没有点燃之前，这只能是一个谜。

黄盖下令了，柴草燃起，火船乘风闯入曹军船阵。水上顿时一片火海！

这火，连曹军岸边的营屯都没放过。吴军兵士各自换乘小艇退走。

曹军终于醒过来了。这黄盖怎么这样耍人呢？再一想，这本来就是自己脑袋有问题：一个有问题，两个有问题，三个有问题……统帅有问题，将军有问题，士兵有问题……

孙刘联军乘势攻击，曹军伤亡惨重。曹操深知已不能挽回败局，于是他也学黄盖下了一道命令。

什么命令？——放火！

放火干吗？不是烧毁敌军的战船，而是烧毁自己余下的战船！

烧毁余船后，曹操引军退走了。

赤壁古战场

赤壁这一场战争，从史书记载来看，吴军共损失了十艘战船，这十艘是用来引燃曹军战船用的。而曹军则是损失了全部的战船：一部分被吴军烧了，余下的被曹操下令烧了。

是谁烧了赤壁战船？

战争进展到这里，问题的答案已经很明了——周瑜烧了，更确切地说，是黄盖烧了。曹操也烧了。

曹操为何烧了余下的战船呢？黄盖的那一把火烧得很容易让人理解，可曹操的这把火就烧得很耐人寻味了。

几乎所有的人都认为，是因为曹操自负轻敌，指挥失误，加之水军不强，且军中出现瘟疫，终致战败。后来羞愧难当，索性把余下的战船也一起烧了。

而曹操却认为是军中出现瘟疫，他自己一把火烧了自己的战船。可是，如果真是因为军中出现瘟疫，那曹操就不应该再继续南下了。

再说了，如果真如曹操说的“孤烧船自退”，那么，曹操为何不赶在黄盖之前放一把火烧了呢？

如果历史可以重来，估计谁都想看看曹操烧毁赤壁战船时的表情。

这个“连环船”的上面，应该说它是曹操一个人的舞台。他可以随便解释，随便表演。

但是，他的诸将依然死心塌地听命于他，将士们站在“舞台”上陪着曹操演“现实”。至于孙权，也许他会说，我才懒得听你解释呢，你就自欺欺人吧。

曹操刚刚大胜，复又大败，气得大骂诸葛村夫、周瑜小儿。其实，曹操不应该大骂这两个年龄加起来差不多等于自己年龄的青年才俊。败就败嘛，失败乃兵家之常事。他自己不是也常常这样劝慰他的将士们吗？

虽然在赤壁的损失不小，但曹操的陆军仍然保持了相当多的数量。其精锐部队基本没有损失，损失的战舰绝大多数都是原荆州留下的，其水军也都是原荆州籍士兵。只是他暂时不足以继续渡江作战而已。两年后曹操还大败了西凉人马呢。

《三国演义》说曹军一共八十三万。实际上，曹军大约二十三四万（中原士兵十五六万，荆州水军七八万），孙刘联军有四五万（孙权军两三万，刘备、刘琦军一两万）。曹操那六十万大军呢——是借的罗贯中的，或者说是罗贯中借给他的。

纵然失败了，曹操还是很强大。东吴、西蜀仍不敢用兵中原。其实，曹操完全没必要用一句“孤烧船自退”来给赤壁画上这样的句号。潇洒地笑一笑，回头再来不就是了，这样还能表现出他原有的大度。

这耐人寻味的“一把火”和“一句话”——真是欲盖弥彰啊！

27 最爱的谋士

赤壁这决定天下是否统一的一战，让曹操败得很无语。战败撤退，他只能自欺欺人地用一句“孤烧船自退，横使周瑜虚获此名”来了结。可是，转过脸去，曹操却哭了——为郭嘉而哭。

因为郭嘉的离去，不仅仅使曹操失去了一位可以托孤的人，而且还是曹操最不能承受的生命之痛！是啊，在曹操的众多谋士中，有谁能够让他爱得如此深呢？

赤壁之战真的是曹操烧船自退吗？如果是，那么曹操为何却在这一战役之后痛哭郭嘉，而且还居然长叹——“若奉孝在，不使孤至此”呢？当然，至于曹操痛哭“哀哉奉孝！痛哉奉孝！惜哉奉孝”的事，那是演义里的戏。

但是，不管用什么文字表达，郭嘉在曹操心目中的地位绝非一个举足轻重所能概括的。关于郭嘉，《三国志》和《三国演义》都把他描写得很完美。其实，现实中的郭嘉就是这样。他与诸葛亮相比，甚至有过之而无不及。至于郭嘉的美好形象，我们在戏里不管怎么演义，他都能承受得起。

说郭嘉，我们不得不提三个人：曹操、荀彧和戏志才。曹操这里就不说了，他是这本书的主角；至于荀彧，下文里再细说；关于戏志才这个人，似乎很神秘。《三国演义》中没有此人，《三国志》中也略有记载，虽是记载不详，却与郭嘉不相上下。

大约在公元 190 年，颍川人戏志才经由老乡荀彧推荐成为曹操的谋士，只可惜戏志才英年早逝。戏志才死后，曹操询问荀彧谁可以代替他，荀彧推荐了同是禹州老乡的郭嘉。郭嘉就这样走进了曹营，沿着戏志才未完的道路，出现在了曹操的政治视野里。

其实，郭嘉原是袁绍帐下的一位谋士，可是，仅仅数十日，袁绍的优柔寡断和不善用人就被郭嘉看穿了。这位虽出身寒门但志向远大的豪杰，怎肯去辅助一位难成大业的主子呢?

他宁愿失业在家闲等，也不愿与袁绍这等人为伍。就这样，郭嘉走了。这一走，就是六年，直到被曹操请进曹营。

曹操将郭嘉接入自己的营帐后，两人相谈甚欢。

郭嘉给曹操留下的印象是——“使孤成大业者，必此人也！”

曹操给郭嘉留下的印象是——“真吾主也！”

伯乐遇到了千里马，千里马也遇到了伯乐。曹操找到了自己的翅膀，郭嘉找到了自己的天堂。

从公元 196 年走进曹营，到公元 207 年去世，郭嘉究竟为曹操的建国大业做了些什么，以至于让曹操如此器重郭嘉，竟然在大败赤壁这样如此伤心的情况下，独独痛哭郭嘉，甚至如果郭嘉不死，曹操竟有托孤之决议！

要想搞明白这些，我们还是来看看郭嘉在曹操麾下的“历史年表”和“所作所为”。

公元197年，曹操劫持到汉天子后，利用政治上的优势去讨伐张绣，结果惨败。袁绍与信羞辱。曹操就北方之势问计荀彧和郭嘉。初来乍到的郭嘉，不但为曹操提出了著名的“十胜十败”说，还为曹操制定了短期和长期的作战目标。曹操更加器重郭嘉，郭嘉也正式将自己送入了曹操军事智囊团的核心。

公元198年，曹操与吕布交战。吕布在前期遇挫后固守，战役持续了大半年。曹操见士兵疲惫准备放弃。“有勇无谋者若之气衰力竭之时，便不久于败亡。”郭嘉以项羽为例劝谏曹操，并让其急攻。结果曹操从其谏，吕布一命呜呼。

这一次，郭嘉进一步巩固了他在曹操心目中“凡谏必纳”的地位。

公元199年，曹操派刘备（公元196年，刘备被吕布打败，曹操收纳刘备）去攻击袁术。郭嘉听说后大吃一惊，立即阻止道：“决不能让刘备率军而出，出则必反！”曹操后悔不已。刘备果然马上就杀了曹操的徐州刺史车胄，然后踞沛反曹。

这时，郭嘉又分析道：“袁绍向来优柔寡断，必不能迅速做出反应。刘备刚叛不久，众心未归，立足未稳，迅速进攻，其必败无疑。然后回师对付袁绍，这是改变决战前夕腹背受敌的最好机会，决不能失去。”曹操终于坚定信心，从官渡回师击刘，一战而破，并“获其妻子”，擒其大将关羽，夺回了下邳。

这一次，郭嘉让曹操彻底领悟到——有你在，我可以一次次转败为胜！

公元200年，其时曹操和袁绍在官渡对峙，江东小霸王孙策刚刚成就江东霸业，遂有谋图中原之心。曹操在得知这个消息后很畏惧，郭嘉却道："孙策刚刚吞并江东，所杀的都是深得人心的英雄豪杰。而孙策本人又轻率疏于防备，虽然有百万之众，但还是和孤家寡人一样容易对付。如果有刺客伏杀，只不过能凭借一人之勇罢了。我看他必然死于匹夫之手。"果然，孙策是年就死于许贡家客的刺杀。

这一次，郭嘉的神秘预言在很大程度上安慰了曹操那一颗惶惶不安的心。

公元203年，袁绍死，袁尚、袁谭被逐退到黎阳。曹操诸将想乘胜攻破二袁，郭嘉却说："谭、尚素来互不相服，又有郭图、逢纪这样的谋臣在其中掺和，他们必然要反目。不如先南征刘表，静待其变，待变成而后击之，这样一举可定也。"曹操十分赞同。后来二袁果然为争夺地盘大打出手，曹操乘机回军北攻，二袁一死一逃。

这一次，郭嘉已经成了曹操心头和曹魏天空说一不二的"指南针"。

公元205年，曹操欲收服青、冀、幽、并四州民心。郭嘉建议曹操多多招募和重用此四州名士。曹操采纳，甚至还重用了曾经诋毁过自己的陈琳，这一举措果然有千金市骨之效。

这一次，郭嘉让曹操看到了自己身为一个军事家在行政管理方面的出色潜质。

公元207年，袁尚逃入乌桓。诸将都不建议继续远征，但郭嘉却认为："胡人自持偏远，必然没有防备，所以，曹军要兵贵神速，攻其不备，这样一定能够将他们覆灭。袁绍对胡人有恩，如果袁尚还活着，这迟早是隐患，毕竟四州未稳，袁家的影响还很大。现在虽然是虚国远征，但一劳永逸，就再也没有后患了。"曹操还是听郭嘉的，结果这一仗大获全胜。曹操在凯旋的路上还高兴得在马背上舞蹈。

这一次，郭嘉让曹操创造了中国战争史上兵贵神速、出奇制胜、影响深远的经典战例。

可就在从乌桓回来的途中，让曹操做尽噩梦都想不到的事发生了——因为水土不服、气候恶劣、日夜急行、操劳过度，三十多岁的郭嘉竟然病逝了！

曹操痛哭失声，对荀彧等人说："你们都和我差不多年纪，只有奉孝最年轻。等到天下事竟，我还要将后事托付给他。但他夭折在巅峰之年，难道这就是命运吗？！"

这一番话，曹操绝不是在演戏。郭嘉的离去，一直是曹操心头挥之不去的阴影。曹操一生最伤心的时候，不是赤壁兵败之时，而是郭嘉病逝之际。

赤壁兵败后，曹操不仅说"若奉孝在，不使孤致此"，而且他还说："唯奉孝为能知孤意。"他的知音去了，他可以托孤的人去了，他怎能不悲痛欲绝呢？

郭嘉是曹操最喜爱也是最得力的谋士，几乎每次出征，曹操总要带着郭嘉，让他不离左右，为其参谋军机。每逢讨论军国大事，郭嘉的计策总是正确的，并且他的策略从无失算，甚至可以说达到了算无遗策的地步。

在大多数人的心目中，诸葛亮能掐会算、用兵如神。其实，这只是演义里的事，现实中的诸葛先生就像刘邦的萧何；而郭嘉，现实中的他远远超越演义里的诸葛亮。

郭嘉这个人不但智谋超群、忠心耿耿，而且他还很有个性。他从不按照常理出牌，一向不遵守礼法。也许换成任何一个领导都不敢重用他。

但是，曹操却敢。

因为曹操也是一个很有个性的人。他像郭嘉一样藐视礼法，甚至有过之而无不及。别的不说，仅仅从他用人和妻妾身上就可以看出。对于臣子，他不看出身只看能力和忠诚；对于爱人，他也不看出身只看贤德。在那样一个封建礼教森严的社会里，他是特例。也正是因为他的与众不同和雄才大略，所以他成功了。

郭嘉出身寒门，能走到这一步也算是幸运的了。不过，更幸运的应该是曹操——因为他得到了郭嘉，他的不拘一格降人才最终使他走向了人生和事业的顶峰。

中国兵法认为，国无智谋之士不强，君无智谋之士不立，事无智谋之士不成，兵无智谋之士不胜。关于谋士的重要性，曹操也曾说“平定天下，谋功为高”！更何况，郭嘉对曹操又是那么的忠心耿耿。

是啊，失去郭嘉这样忠心耿耿又才智超群的得力助手，换成哪一位领导他会不痛哭呢？一千多年过去了，具有雄才大略的伟大领袖毛泽东，曾多次在会议上和谈话中告诉大家——希望大家看看《三国志》中的《郭嘉传》……

看郭嘉什么呢？——如何把曹操感动得一塌糊涂。

郭嘉病重时，曹操不断派人探视，“问疾者交错”；郭嘉病逝时，曹操亲至灵堂，悲痛万分；郭嘉去世后，曹操还在一生中败得最惨的赤壁一战后痛哭郭嘉……

在曹操对郭嘉那一声声撕心裂肺的哭声中，承载了多少他对人才的怜惜啊！可这一声痛哭却被毛宗岗父子批得狗血喷头，而且他们父子俩把这一哭和宛城之战哭典韦联系起来了，认为曹操哭典韦是为了感动众将士；曹操哭郭嘉是为了羞辱众谋士。其实，郭嘉的离去，曹操是真伤心，他有必要用这样的方式来演戏羞辱众谋士吗？恰恰相反，我们应该从中看出曹操更伟大更非凡的一面。这一举动不是曹操在演戏，是毛宗岗父子在一味主观地演义也。

曹操不是罗贯中和毛宗岗父子的“最爱”，可是，郭嘉却是曹魏众多谋士中曹操的“最爱”，不管文艺家如何改编或演义，曹操对郭嘉的爱却是千真万确、无人能及的。

28 《述志令》里的猫腻

《三国志》看过的人可能不多，但《三国演义》看过的人就太多了。看过演义的人对曹操的印象都很深刻——他是个不鸣则已、一鸣惊人的人。比如，在历史中刺杀张让，在演义里刺杀董卓。总之，他不会错过每一个在现实的舞台上宣传自己的机会。

公元210年，也就是赤壁之战后不久，曹操写了一篇《让县自明本志令》，又叫《述志令》。其实，曹操是迫于各种社会压力才不得不写这篇公文的。下面我们一起来看看这篇公文诞生的背景。

当时，汉献帝刘协为了表彰曹操巩固汉朝政权、统一中国北方的功绩，给曹操加封三县土地和两万户人口。但朝廷上下却有不少反对的声音，攻击他的人都认为曹操是一个要篡汉自立的

“汉贼”。

曹操当然不会承认！曹操为表明心志,才写出了这个名扬天下的“教令”。

什么叫“令”？在中国古代，这是上级告谕下级的一种文书，即下行文。按说，曹操如果真是诚心诚意地让县，首先应该给皇帝上一封表章，写个上行文给皇帝打个报告，可是他没有。他这不是“奏上”，而是“临下”——上行文当下行文写了。

不过，这也不奇怪，他“挟天子以令诸侯”，哪还需要玩虚的去给皇帝上奏啊！可是，皇帝加封的土地和人口，曹操真让出去了吗？

汉献帝新加封的三县、两万户，曹操确实是退回去了。但是，几天以后，他的三个儿子封侯，曹植封平原侯，曹据封范阳侯，曹豹封饶阳侯。曹家的这三个“侯”，每个侯食五千户。

这是什么概念？三县加一万五千户。这三个地方，可都是战略要地啊。

曹操到底是赚了还是赔了呢？这笔账，数学家是算不好的，只有政治家和军事家才能算清楚、算明白。

这是一场什么游戏，曹操心里知道，但他不吭声。不过，他的“政敌”肯定骂声更大了。

那又怎么样，骂也没办法，曹操后来的“让县令”说得太诚恳了，也太真切了，一点都不像今天那千篇一律的、虚伪至极的、平淡乏味的官腔官调。他究竟借助“让县”说了些什么呢？下面我们摘选一些（白话版）来品味品味，来看看曹操究竟在这篇公文里玩起了什么猫腻：

大家都知道，我被举为孝廉时，年纪很轻，当然我也以为自己不是那种隐居深山而有名望的人士。但是，我恐怕被天下人看作是平庸无能之辈。所以，也就想去当一个郡的太守，把政治和教化搞好，把自己的名誉也顺便提高一些，让世上的人都知道我曹操是一个什么样的人物。我虽然算不上什么高人，但你们也别把我当成平庸之辈。

后来，我也确实这样做了，在济南任国相时，我革除弊政，公正地选拔、推荐官吏。没想到这就触犯了那些朝廷的权贵，因而被豪强权贵所恨。我怕给家族招来灾祸，所以就托病还乡了。

你们说，我哪一点做得不对呢？这社会黑暗，有才能的人能力得不到施展啊！

无奈之下，我就辞官返乡了。回到家乡后，我整年不出去，在谯县东面五十里的地方建了一栋精致的书房，断绝和外界的来往，只打算在春夏秋冬的轮回里，一边读读书，一边打打猎，在一片瘠薄的土地上，终老于荒野罢了。

我也曾经想着做一个隐居山林、与世无争的高士啊，但是我这个愿望没能够实现。

为什么没能够实现呢？因为一茬又一茬的捣乱分子起来造反，我不能看着国家就这样灭亡啊。俗话说“国家兴亡，匹夫有责”，我想尽到一个匹夫的责任啊。

张角那帮家伙起来造反了，我被征召做了都尉，后又调任典军校尉。我想，自己也该为国家讨贼立功。当然我也希望得到封侯，当个征西将军什么的。“雁过留声，人过留名”嘛，自己死后能够在墓碑上留下“汉故征西将军曹侯之墓”。说实话，这就是我当时的志向。

然而，等张角这帮人被我们整得鸡飞蛋打之后，没想到又遇上了董卓这厮犯上作乱。各地纷纷起兵讨伐，当然我也参与了。其实，我完全可以趁这个机会招集更多的兵马，可是我却常常裁减，不愿扩充。

为什么不愿扩充？我怕一些人说我暗藏私心啊。不错，后来我在担任兖州刺史时，因击败了黄巾起义军，也确实收编了三十多万青州兵。但是，我在这里要给大家解释一下。你们不要误解我，别拿我的一片好心当驴肝肺。

袁术在九江盗用皇帝称号，部下都向他称臣，衣冠服饰都按照皇帝的制度，两个老婆预先抢着当皇后。

面对这样的情况，你们说朝廷有多危险啊！幸好我有这些青州兵在，于是我就立即带兵去讨伐他。结果，擒拿了他的四员大将，抓获了他的大量部属，这才致使袁术瓦解崩溃，最后一病呜呼……

我这是为了保护朝廷啊，防止有些人篡汉自立！你们保护不了，我来保护了，竟然还有一些人说我有篡汉的野心！要知道，作为一个臣子，当上宰相已显贵到极点，这其实已经超过我原来的愿望了。我这人是知足的，不像一些人野心勃勃，天天盯着皇帝的位置，盯得眼睛都发绿了。

今天我说这些，好像很自大，实则是想消除大家对我的非议，所以才无所隐讳罢了。假使国家没有我，还不知道会有多少人去称帝，多少人想称王呢！

有的人看到我势力强大，说我有夺取帝位的野心，这种胡乱猜测，常使我心中不得安宁啊！像我这样的忠臣还遭陷害、遭猜忌，个别人也太小肚鸡肠了吧？

你们难道不知道，齐桓公、晋文公名声之所以被传颂至今日的原因，就是因为他们的兵势强大，仍能够尊重周朝天子啊！现在我领兵三十多万，按势力足够可以背叛朝廷！但是，我没有！我就是死也要恪守君臣之义，不敢辱没先辈的教诲、忘记先王的恩德！

今天，我之所以诚恳地述说出这些肺腑之言，是因为看到周公有

《金縢》之书可以表明自己的心迹，恐怕别人不相信的缘故。

但是，若要我就此放弃所统率的军队，把军权交还朝廷，回到武平侯的封地去，这是不行的。

为什么？我怕放弃了兵权会遭到别人的谋害。这既是为子孙打算，也是考虑到自己垮台后，国家将有颠覆的危险。实话告诉你们——我是不会因为贪图虚名而使自己遭受祸害的！作为一个男子汉大丈夫，我要保家卫国！

先前，朝廷恩封我的三个儿子为侯，我坚决推辞不接受。现在我改变主意打算接受它。这倒不是我想再以此为荣，而是想以他们作为外援，从而确保朝廷和自己的绝对安全。

如今我的封地占有四个县，享受三万户的赋税。我自己也在想：有什么功德配得上它呢？现在天下还未安定，爵位我可以不让；至于封地，倒可以辞退一些。

我决定把阳夏、柘、苦三县的二万户赋税交还给朝廷，只享受武平县的一万户。姑且以此来平息外界的诽谤和议论，稍稍减少别人对我的指责吧！

这话说得实在让对手无言。句句都很真实，没有一点矫揉造作之势。让你抠不出半点不是来。

曹操说，他只是想当个齐桓公、晋文公罢了。天下大乱，诸侯割据，只想称霸，不想称帝。其实，还有话他没写出来——我就这样，你们想咋滴？又能咋滴？我就是虚封土可退，实兵权不交！

他不是还说了一句名传千古的话吗？“设使国家无有孤，不知当几人称帝，几人称王。”说白了也就是如果不是我曹操在这个地方镇住，什么袁绍啊，孙权啊，刘备啊……这些七七八八的野心家早就把刘协赶下去自己当皇帝了。

曹操这一篇教令发出去，不但让其他诸侯无言以对，就连皇上也乖乖地当傀儡了。在官场，在那个假话弥漫的官场，真话倒成了对付敌手最有力的武器。曹操不演戏，他就来真的。其实，是否在表演，他自己最清楚……

曹操不愧是一个政治家，而且是出类拔萃的政治家。他总是不按常规出牌，而且十有八九皆赢。他是另类官员，从古至今，官场上找不到第二个这么有个性的人，当然更找不到第二篇这样的《述志令》。

“乱”，曹操不是一般的会乱。但曹操所处的时代就是一个乱世，他能在乱世中洞悉潮水起伏的规律，注定不是平凡之人。他投身混乱，朝着结束混乱的方向走去。

民间有句俗语叫“树大招风”，既然旋入历史舞台的中心了，曹操就得学会自我保护。

怎么保护自己呢？——“不打自招”；“以真乱假”。

不用你们来揭穿，我自己说出来，句句真实，让你们的“虚伪”死无葬身之地。还有，就是我说句假话，也让它藏在真话后面，自然得让你们这些“乌鸦”“麻雀们”找不出半点蛛丝马迹来。既然找不到蛛丝马迹，那么，“乌鸦”“麻雀们”，你们就乖乖地闭嘴吧……

㉙

一号功臣的末路

在曹操的众多谋士中，荀彧应该说是一位最让人无法理解的人物。他是东汉末年曹操帐下的首席谋臣，杰出的战略家。他还有一个与他更相称的称号——魏国一号功臣！可是，他的末路，却沿着一个谜深陷在泥泞的沼泽……

公元163年出生，公元212年去世，荀彧一生只活了五十岁。这位被曹操誉为有“巍巍之勋”的功臣之死，陈寿《三国志》称其“以忧薨”。而《魏氏春秋》则认为，曹操赠送食物给荀彧，荀彧打开食器见器中空无一物，因此被迫服毒自尽。不管是忧虑而死，还是服药自尽，史书皆认为，荀彧的死是因为反对曹操晋魏公、加九锡所致。

这里顺便解释一下何为“九锡之礼”。锡在古代通“赐”。据《礼记》以及《后汉书·袁绍传》注引《礼含文嘉》等史料记载，九种特赐分别是车马、衣服、乐器、朱户、纳陛、虎贲、斧钺、弓矢、秬鬯（供祭礼用的香酒），为中国古代皇帝赐给诸侯、大臣有殊勋者的九种礼器，这些礼器通常是天子才能使用，它象征着一种最高的礼遇。

关于曹操“晋魏公、加九锡”这件事，荀彧为何反对？曹操是何反应？最终结果如何？我们来看看史书中的记载。

《三国志·魏书·荀彧攸贾诩传》曰：“十七年，董昭等谓太祖宜进爵国公，九锡备物，以彰殊勋，密以咨彧。彧以为太祖本兴义兵以匡朝宁国，秉忠贞之诚，守退让之实；君子爱人以德，不宜如此。太祖由是心不能平……太祖军至濡须，彧疾留寿春，以忧薨，时年五十……明

荀彧像

年，太祖遂为魏公矣。”荀彧没能够阻止住曹操飞升的脚步，倒是把自己送进了坟墓。

公元213年，曹操如愿以偿，汉献帝以冀州十郡封曹操为“魏公”。荀彧，这位二十年间为曹操统一天下不遗余力，其兄弟侄子皆仕曹氏，又与曹操结为儿女亲家的荀令君，何以在曹操即将走上人生顶峰、踌躇满志之时而这样做呢？荀彧这一生，究竟与曹操有着怎样的剪不断、理还乱的关系？

《三国志》载，荀彧被曹操称为“吾之子房”。子房何许人也？

——张良（字子房）。秦末汉初谋士、大臣，西汉开国元勋。秦末农民战争中，聚众归刘邦，为其主要“智囊”，刘邦手下可以“运筹帷幄之中，决胜千里之外”的人物。他也是一个深悟“狡兔死，走狗烹；飞鸟尽，良弓藏；敌国破，谋臣亡”这一历史古训的人物。自从汉高祖刘邦入都关中，范蠡、文种、彭越、韩信……这些人的或逃或死，像电影似的在张良眼前一遍又一遍地放映。所以，张良以“为韩报仇强秦”的政治目的和“封万户、位列侯”的个人目标已经达到为由，谦请封始与刘邦相遇的地方，摒弃人间万事，专心修道养精，欲轻身成仙。

而荀彧是自小被世人称作“王佐之才”的人，他的智谋，应该不亚于张良，他的忠诚度也不亚于张良。但是有一点，他的确不如张良——反对主子晋升。

对于这一点，实在让人搞不懂，甚至让人怀疑——那么足智多谋的谋士，怎会在这个关键时刻犯糊涂呢？

你为主子所做的一切难道不是让他实现宏伟的远大抱负吗？他是政治家，你怎么在付出了一切之后，与他的政治路线背道而驰呢？莫非你是封建伦理纲常的书籍读得太多，以至于中毒太深，使自己成了书呆子？

曹操说你是他的张良，你怎么不研究一下张良的案例呢？大汉已到落日，你何须还留恋那最后一抹夕阳？要知道，明天的黎明，迟早是要到来的。

想想当年荀彧在二十九岁那年（公元 191 年）的离袁投曹，难道只是为了让一世大英雄曹操去老老实实地给一个懦弱无能的刘协当臣子？

荀彧从袁营到曹营后，他“居中持重”，曹操虽然在外征战，但军国之事都由他来调度筹划。荀彧也尽职尽责，把曹操手里的“大汉江山”当自己的来打。他不但给曹操举荐了戏志才、郭嘉、荀攸、陈髃、杜畿、司马懿等人才，也经常为曹操出谋划策，曹操对他也多是言听计从。

当年，在要不要奉迎天子建都许县的问题上，曹军内部发生了争执，多数人不同意，但荀彧则对曹操说：“今车驾旋轸，东京榛芜，义士有存本之思，百姓感旧而增哀。诚因此时，奉主上以从民望，大顺也；秉至公以服雄杰，大略也；扶弘义以致英俊，大德也。天下虽有逆节，必不能为累，明矣。”

是啊，曹军考虑的也是，汉献帝纯粹就是一根鸡肋！看来多数人不同意这也是在情理之中的。可荀彧不这么想，他认为现在虽然天下大乱，但义士和百姓还是想保住大汉啊。所以，你把汉天子接走供奉起来这是件顺乎民意的事。再说，你这样做也可以让群雄折服，这是明智之举啊。

荀彧多会替曹操考虑啊！曹操心里也是一万个愿意。他甚至怀疑——荀彧是否是在暗示自己废汉自立。不过，想想也是，即使有一天不能称王称帝，弄个皇帝玩玩也不是不可以的。

沿着荀彧的政治路线，曹操奉迎汉献帝迁都许县。

天子来许县了，可是，雄居北方的袁绍不高兴了。他写信给曹操，言辞骄慢，曹操也想去讨伐袁绍，但寡不敌众，于是就将袁绍书信给荀彧看。

荀彧看完信口若悬河，说什么古之成大事者都有一个共同的特点，那就是深藏不露——表面上看起来他是不堪一击，但是人家内在的力量却很强大。而袁绍不是这样有才能的人，你别看他表面统军多少多少，其实是假、大、空，实则力量很薄弱。这一点，从刘邦、项羽身上足可以看到。

曹公啊，今天与你争天下的人，也就袁绍。但是他这人外表看起来比较宽厚，实际上内心猜忌性很强，他最小心眼了。

荀彧滔滔不绝，袁绍小肚鸡肠，你宽宏大量；袁绍遇事不决，你雷厉风行；袁绍徇私枉法，你赏罚分明；袁绍徒有虚名，你厚德载物……总之，与袁绍相比，你在度量、谋略、法纪、德行等方面都远远胜过他，你以“四胜”来辅佐天子，为正义而战，试问，谁敢不从呢？袁绍即使再强大又能怎么样？

这一下，荀彧从心理上打消了曹操对袁绍的顾忌。但是，至于是否要与他干上一仗，曹操心里还没有谱，这还要问荀彧。

荀彧劝曹操，说曹公你要知道，“袁绍他兵虽多而法不振：田丰刚而犯上，许攸贪而不治；审配专而无谋，逢纪果而自用；颜良、文丑是一夫之勇耳，可一战而擒也。”

曹操闻后又是大悦，就是这一席话，坚定了曹操向袁绍开战的决心和信心。荀彧这张能把稻草说成金条的嘴巴，就像曹操思想的一张温床，总是出现在他困乏至极的时刻。

公元200年，曹操与袁绍真的在官渡开火了。可是，几个月后，曹军没吃的了，士兵们也很疲惫。军队到了这个状态，这仗怎么打呢？

曹操想撤军，但是自己又拿不定主意，于是就写信给荀彧，说他准备退守许昌，这仗他不打了。荀彧收到信后，也给曹操回了一封信。他告诉曹操，现在军粮虽然不够，但我们并未遇到楚、汉在荥阳、成皋那样的情况啊。当时刘邦和项羽都不肯先退，你知道这是为什么吗？——谁先退就证明自己是在向对方示弱！

如今，曹公你率众画地自守、扼其要塞喉已半年，袁绍那鸡狗混杂的窝里必将会发生窝里斗，你就耐着性子再等等，这正是出奇制胜的佳机，你千万不要错过！否则前功尽弃，你会后悔几辈子的。

结果曹操很听话，荀彧让干啥他就干啥，于是他就继续坚守待机。不久，许攸就来投了，而且还为曹公带来一计——偷袭乌巢！

更让曹操高兴的是，颜良、文丑、田丰等这些人的命运，还基本上都是按照荀彧的预言走的。荀彧在袁绍手下工作过一段时间，袁营里都是一帮什么鸟，他是看得一清二楚了，他的这段工作经验，为曹操击败袁绍立了大功。

其实，曹操待荀彧，也非常不薄。刚进曹营就被任命为司马，后来，曹操还将安阳公主许配给荀彧长子荀恽为妻。公元 203 年，曹操上表，封荀彧为万岁亭侯；公元 207 年 3 月，曹操增荀彧食邑千户，前后共计二千户，还要授以三公。这一次，荀彧也是推辞十几次才作罢。

作为曹操统一北方的首席谋臣和功臣，荀彧在献计、密谋、匡弼、举人等方面为曹魏立下了汗马功劳。而且，荀彧也是一个很清廉、很有爱心的官员，在担任曹操谋主时，荀彧与荀攸分主内外，“并贵重”。荀彧将所赐之物皆散给族人和朋友，家无余财。

可是，我们就是不明白——这样一个明白人，你怎么就做了一件这么“糊涂”的事呢？

从荀彧一生的足迹可以看出，荀彧对功名利禄并不太感兴趣，曹操加封几次他都一再辞让。但是，曹操不是荀彧啊！荀彧以为辅助曹操是为了让其“匡朝宁国”，可是，曹操的志向却是自己“一统天下”。

平心而论，曹操是非常不愿意看到这样的结局的，他多么希望荀彧像郭嘉一样“聪明”，当然，荀彧也不想就这样死去。可是，荀彧的“匡朝宁国”哲学，实在是给自己留下了一个大大的叹号，同时也给后人和曹操留下了一个大大的问号……

㉚ 首席军师的活法

与堂叔父荀彧相比，荀攸这位被誉为曹操“首席军师”级的人物，可谓是聪明至极。在前辈跌倒的地方，他深深铭记在心。夕阳要西去，朝阳要升起，人是拦不住自然的脚步的。荀攸知道这些，所以他也不与自然的规律抗衡。

眼看曹操带领着中原人民“奔小康”，连汉献帝都被曹操养着，他们这些给人家打工的臣子，除了好好辅佐主子，那还有什么话可说呢？

在曹操的眼里，“荀令君（荀彧）之进善，不进不休；荀军师（荀攸）之去恶，不去不止。”荀彧与荀攸，二人在同一条路上从同一个起点出发，结果却在人生的终点朝着相反的方向走去。

对曹操来说，荀彧可谓是功高盖世。但作为政坛的铁腕人物，铲除功高盖主和与自己的政治方针相左的人，他从不犹豫。荀彧身为一号谋臣，却也因为死保汉室而被逼自杀。不过，荀彧不明不白的死，让荀攸变得更明白了。

在荀彧死后的第二年，也就是公元213年5月，荀攸便以中军师的身份，在董昭的策动下，领导群臣上表汉献帝封曹操为魏公、加九锡。魏国建立后，荀攸受封为首任尚书令，也就是第一任总揽一切政令的官员。

从前辈的故事里，荀攸学会了安身处世的哲学。自从叔父死后，他很注意将超人的智谋应用到防身固宠、确保个人安危方面。正如史书所载，“他深密有智防”。不论在史籍记载中，还是在《三国演义》里，我们总能看到，荀攸给人的印象都是少言寡语、默默无闻，也就是纯粹一个无惹人起眼的谋士形象。然而，这却正是荀攸归曹后渐渐给自己的定位。

不用别人去说，据《三国志》记载，荀攸的主子曹操就曾有一段很形象也很精辟的论调：“公达外愚内智，外怯内勇，外弱内强，不伐善，无施劳，智可及，愚不可及，虽颜子、宁武不能过也。”

其实，有荀彧在曹操身边混，荀攸与曹操的相遇也是偶然中的必然。

当初，也就是公元184年，那时荀攸二十七八岁，在何进掌权时期任黄门侍郎，主要负责侍从皇帝，传达皇帝的诏命。但是，董卓进京后，荀攸曾因密谋刺杀董卓而入狱，而后又弃官回家。

曹操在颍川一带忙着镇压黄巾起义军，荀攸弃官在家，两个人并不认识。后来，李傕、郭汜请荀攸出山，任命他为任城相。但荀攸不干。任城是一敏感地带，这里的水有多深，荀攸是算过的。这是一个把猪累成狗都别想治理好的地方。黄巾之乱刚在这里结束，曹操、袁绍等几大中原势力又开始争夺此地。荀攸他当然不傻，他可不想累死或乱死在这里。

荀攸看中了天府之国益州。那里不仅有险固的地理屏障，又有州牧刘焉新稳定的政治局势。他有个名士的身份，他想到那儿去寻觅个一官半职，估计这不是什么难事。

可是，荀攸刚走到荆州就走不动了，南方雨水多，道路又不通，他只能在这个相对平安的地方住了下来。每天什么也不干，只观察时局、寻找明主。

曹操在干什么呢？汉天子到手了，他在忙着寻访天下英才。

荀彧把荀攸的消息告诉了曹操。曹操久闻荀攸大名，听说他正闲得看蚂蚁上树，于是便给荀攸写去一封书信，信中说："今天下大乱，这正是有智谋的人大显身手的好时机。然而您却驻留在荆州顾盼观望，您耽误的时光是不是太久了啊？"

就这样，荀攸被曹操征为汝南太守，后又拜为军师。荀攸见曹操如此器重自己，觉得曹操是个可以与之共事的人，甘愿为其所用，便入朝当了尚书。曹操对荀彧、钟繇二人说："公达不是一般的人！我能够与他共事，天下还有什么可忧虑的呢？"

在曹操的众多谋士中，荀攸的地位仅次于荀彧。《三国志·魏书·荀彧攸贾诩传》载，冀州平定后，曹操表封荀攸时曾说："军师荀攸，自初佐臣，无征不从，前后克敌，皆攸之谋也。"后来荀攸被封为陵树亭侯。建安十二年，曹操再一次下令论功行赏，并在表彰大会上说道："忠正密谋，抚宁内外，文若（荀彧字文若）是也。公达（荀攸字公达）其次也。"

荀攸一生总共为曹操奉献过十二次重大计谋，而且每次都能使曹军绝处逢生或出奇制胜，以至于成为曹操行必求计的重要谋士。

至于曹操是否全部采用那就另当别论了。比如，曹操在公元 198 年攻打张绣那一次。随征的荀攸看出了当时的形势对曹操很不利，他竭力劝曹操："张绣与刘表联合，互为掎角之势。但是张绣人马靠刘表供给，时间一久，刘表力不能支，必然与张绣分裂。我们不如缓兵以待其变；若急切进攻，刘表必拼死相救，我军不易取胜。那时就会形成进退维谷之势。"

曹操不知哪根筋出了问题，不理荀攸的计谋，依然对张绣出兵了。结果，刘表果然发兵相救，曹军失利，曹操几乎死在那里。后来，曹操曾悔恨地对荀攸说："没有用你的计策才至如此！"从此，曹操对荀攸言听计从，甚为器重，再也不敢轻易否定他的意见了。

公元 200 年 2 月，袁绍派大将颜良围攻白马（今河南滑县东）。4 月，曹操亲自率军北上救白马之围。当部队向前开进时，荀攸力劝曹操，不能与实力悬殊的强大敌人正面对抗。他分析了当时的形势，提出了声东击西解救白马的作战方略。曹操采纳了荀攸的计策。

这一次，白马之围解了，低调的荀攸让主子高调了一把。

其实，荀攸那超人的智慧和谋略，不仅表现在政治斗争和军事斗争中，也表现在安身立业、处理人际关系等方面。他就像东吴不倒翁诸葛瑾，虽然处处低调，却能在朝中几十年而不倒。

荀攸在朝二十余年，他一直都能够从容自若地处理好政治漩涡中极其复杂和极其残酷的人际关系。曹操对其高度赞许和信任，而且还曾告诫儿子曹丕："荀公达，人之师表也，你当尽礼敬之。"曹丕当然不敢拿老子的话不当回事，所以对荀攸也是毕恭毕敬。荀攸生病，曹丕拜在床下问候，像对待自己的父亲一样。

公元 214 年 7 月，还没活过花甲之年的荀攸便去世了，他死在南征孙权的路上。荀攸死后，曹操每每“言则流涕”，也就是说曹操一提起荀攸就忍不住流下眼泪。荀攸能让曹操思念自己达到这个地步，使人不得不叹服曹魏这个“不倒翁”的能力。孙权对诸葛瑾的思念，也不过如此吧。

公元 244 年正月，魏帝曹芳下诏祭祀荀攸于太祖庙庭，追加谥号敬侯。在中国历史上，像荀攸这样善始善终的高官并不多。

从荀攸和荀彧走进曹营的起点和终点来看，作为一个政治家，曹操还算很有个性、很够意思的。荀彧之所以不苟为魏臣，忧愤而亡，也许在很大程度上是因为他对封建伦理纲常中毒太深。

试想，像程昱、郭嘉性格鲜明、耿直，且我行我素的人，都能深为曹操器重，更何况他的第一功臣荀彧呢？曹操能够把这么多个性鲜明的谋士都聚拢在自己手下，可以肯定地说，他绝对具有一定的人格魅力和英雄魄力。

屈原去了，留给后人一个“端午节”；荀彧去了，留给荀攸一个低调、内敛、一百八十度翻转的生存哲学。在荀彧“跌倒”的地方，荀攸学会了“站立”，学会了在一国始终地位稳定且立于不败之地的“不倒翁原理”……

31 两行热泪一女子

曹操的泪水，在演义和史籍里都曾流过很多次，其中有一次是为去世的父亲流的，别的大多是为心爱的谋士和将士流的。许多人都认为，曹操流泪大多是在演戏。其实，他流泪也有不演戏的时候，不过那是为他心爱的女人流的。

谁说男儿没有柔情？曹操唯一一次为女人流的那一行泪，流得别有一番诗意，更有一番真情，甚至不含半点“水分”！只是，这个女人是谁呢？

一个与曹操的卞皇后有着同样出身的来莺儿！

来莺儿，听名字就让人甜彻心扉。这是一个怎样的女子呢？她又是如何与曹操相识的呢？

据说，来莺儿原是洛阳城里一名色艺俱佳的名歌舞伎。她当时住在东汉帝都洛阳，过着“五陵年少争缠头，一曲红绡不知数”的日子。在遇到曹操之前，她的日子的确就像在荆棘上舞蹈。当然，久而久之，来莺儿便红遍京城。

曹操久闻来莺儿大名，早就想见识一下。有一次，曹操果然乔装打扮了一番去洛阳城里找来莺儿了。一阵阵婉转的歌声与一段段优美的舞蹈过后，来莺儿终于征服了曹操的心。

来莺儿很早就开始崇拜曹操，当这位让她久仰大名的大英雄为她赎身，并要来莺儿跟他一起走时，来莺儿心动了。曹操像吸纳谋士和将士一样，把来莺儿领进了“曹营”，放在了“后宫”。

此后，来莺儿就一路跟随曹操南征北战。曹操走到哪儿就把来莺儿带到哪儿，总之，有曹操的地方，必有来莺儿。

当然，她并不喜欢这种马背上的生活，她何曾不想像绣楼里的大小姐一样待在一个安稳的家里呢？但是，现今天下是一片硝烟战火，她一个无依无靠的女孩儿到哪里安身立命呢？

殊不知，曹操既然把她从青楼里赎出来，就是为了让她一直跟随在自己的身边啊。让她在战争的空隙里，用她动听的歌喉与美妙的舞姿为曹操带来欢乐，扫去寂寞。又怎么会把她放在家里呢？

曹操是喜欢来莺儿的，来莺儿对曹操是心存感激的。久而久之，这份感激和爱恋也让来莺儿和曹操之间产生了感情。但是，这段情，不是传说中的神魂颠倒，也不是现实中的如痴如醉。

曹操与来莺儿之间究竟是一种怎样的感情呢？——像仆人、像爱人又像情人的关系，也就是这样复杂的情感，让来莺儿移情别恋了。

在曹操南征北战之际，一个英俊的身影闯进了来莺儿的视线，并且深入心底。这人是谁呢？——曹操府中的一名侍卫王图。

能让来莺儿爱得忘乎所以，这王图究竟是一个怎样的人呢？

据说王图魁梧、机警、一表人才，在丞相府中颇得曹操的赏识，经常受到曹操的表扬和嘉奖。当然，王图的这些优秀表现，来莺儿是都知道的。

所以，她就像飞蛾扑火似的扑向了他的怀抱。并且爱得不顾一切，连曹操也顾不得了。她完全忘却了自己是谁！

这个时候，曹操正忙于军国大事，这个小小的来莺儿也许早被他抛到了脑后。当然，曹操更不会察觉到来莺儿与王图相恋的事。

但是，纸里包不住火，这件事还是被曹操发现了。有一次，曹操派王图带领一组人马深入敌境去查探敌军的情况以及囤粮的处所。这项任务非同小可，弄不好王图就会有去无回。也可能，这就是他与来莺儿最后的分别。王图思来想去，还是把这件事告诉了来莺儿。

毕竟，这一去胜算的可能性只有一半，万一回不来了该有多么遗憾啊。在这个时候，在这个夜晚，面对生离死别的情人，想到不可预测的未来，来莺儿泪流满面。王图与来莺儿如胶似漆、缠缠绵绵到天亮。偷窥敌营情况，这本是黑夜里的事，如今已经天亮，王图你如何向曹操交代呢？

来莺儿傻眼了，王图也愣呆了。军令如山啊！王图怎敢为了儿女情长而违反军令？更何况，这个女子又是曹操后宫里的。

这到底是王图疯了还是来莺儿疯了？很显然，两个人一起疯了——男的拉着上司的女人，女的拉着老公的下属。

犯下了这样的错误，王图理所当然地被绳索捆绑押入大牢，以待斩首示众。这时候，来莺儿知道王图被抓了起来。这个痴情女子，会怎么做呢？

为了救王图，在不得已的情况下，来莺儿竟然冒着巨大的风险斗胆向曹操说出了她与王图的私情，并愿代其一死。

曹操知道了这一切！

这是什么概念？来莺儿真不想活了？

王图是谁？来莺儿是谁？曹操又是谁？

来莺儿竟然在这个关系上让曹操丢尽脸面！

要知道，一个人死是容易的，但活着的人敢于将自己最见不得人的东西公之于众，尤其是把“身在曹营心在汉”的事说出来，这是需要极大的勇气的。来莺儿，是女人都服你了！可是，她的这一坦白的举动，让曹操也想不到。

来莺儿这样背叛曹操，他当然很生气。但是，面对来莺儿这个胆大包天而又如此坦率、坦诚的女子，他也很感动于她的为爱疯狂的举动。

这位无论在戏剧中还是在小说中，大多被人们描绘成一个白脸奸臣、阴险多疑、手段毒辣、诡计多端的人，会怎么处理这件事呢？

曹操没有对来莺儿作出任何惩罚措施，他只是让来莺儿在一个月内培训出一个歌舞班，并向来莺儿承诺：只要你能做到，我就同意你代情人一死！

一个月的时间，就连曹操自己也替来莺儿捏着一把冷汗。这怎么可能呢？曹操不是故意让来莺儿去送死吗？

结果，只用了一个月的时间，来莺儿竟然完成了曹操下达的艰巨任务。其实曹操本以为她是不可能完成的。可是，来莺儿竟然真的在一个月的时间内完成了。

歌舞班是培训好了，但这些天来来莺儿却消瘦了很多。看着眼前这个自己钟爱的人，曹操竟然心生一丝怜悯，他对来莺儿说：“其实……你也可以不死啊……”但是，来莺儿真的可以不死吗？她是否愿意死呢？

这一线生机，来莺儿根本不敢奢求，她带着无限愧疚对曹操说："天下哪有这种道理？身犯重罪可以逍遥法外；再说了，我已经做了对不起你的事，面对你的厚恩，我也无脸苟活人间了。"

这一个弱女子为了两个大男人的生命和声誉，甘愿就此了结自己的生命。她已经大难临头了，还在为别人着想，特别是为他曹操着想呢！曹操一生驰骋疆场，还没有见过一位这样的奇女子也。

在她的心里，爱情比生命价更高。多少人为了活命背叛爱情，可她却为了爱情放弃生命！她的精神境界，曹操不免拿来与自己相比。他很惭愧，但更多的是感动。

曹操一声不吭，望着眼前的来莺儿，发了半天呆。他在想什么呢？他断断续续地问了来莺儿一句话："你……想不想……与王图……再见一面？"曹操这一问，让来莺儿也发呆了。也许她是感动于曹操的这一丝人情味儿，但她很快就平静了下来。

来莺儿心平气和地对曹操说："当我决心代情人去死时，我与他的情感不是结束，而是刚刚开始……我先走一步，在天堂等他。以后我们就可以永远在一起了！所以，我现在不见他。"这位弱女子，她完全活在自己的爱情世界和爱情逻辑里。这份纯粹的爱，除了王图连曹操都不曾得到。

曹操为这份如此纯洁和无私的爱一颤，不仅是表情为之一颤，心灵也为之一颤。曹操心想，自己位高权重，却没有一个心甘情愿为自己慷慨赴死的红粉知己。王图这小子，竟然有来莺儿这样的女子心甘情愿为他一死。曹操不是妒忌王图，他是感慨爱情的高尚和权力的低微……

故事发展到这一步，曹操已经在心里原谅了来莺儿，打算成就这一份美好的爱情。但是，他不放心来莺儿啊，谁知道王图这小子对来莺儿是真情还是假意呢？

于是，曹操就迅速传见了王图，问王图对来莺儿是何意思。但让曹操万万没想到的是，王图却坦率地告诉曹操，他对于来莺儿只是逢场作戏，并没有真正的爱情可言。

曹操那边还被来莺儿感动得在心里落泪呢，这边一听王图这小子这般亵渎来莺儿的爱情，他立马火冒三丈，一脚踢倒王图，而后是连踢带打将王图狠揍一顿。

揍王图一顿，这也不解曹操的恨。随后，曹操又对王图臭骂一顿：来莺儿对你一片真情，你这狗杂种却这样玩弄她的一片真心！我答应了来莺儿不杀你，趁我现在还没改变主意之前，你立马给我滚！滚得越远越好！

曹操并没有把事实的真相告诉来莺儿。曹操想，如果告诉她，可能会让她更加伤心，要么会伤心地尽快死去，要么生不如死地活着。不告诉她真相，她心中至少还会有一份纯粹的爱和美好，她也许能坚强地、乐观地活下去。

曹操最后还是对来莺儿说了一句最美丽的谎言：“王图已经释放，逐回家乡。念你一片真情，且训练歌伎有功，将功折罪，可以不死。你走吧！”

其实，被蒙在鼓里的来莺儿，哪里知道自己痴痴迷恋的竟是这样一个男人？

她迷迷糊糊地感谢曹操成全她和王图的爱情，却不愿接受曹操饶她不死的恩惠。她说只有死才能洗清自己的罪过。可是，她又有什么罪呢？她真心地去爱一个人，甚至爱到替他死的分上。连这个人的情敌曹操都原谅了她，她这份从人间爱到天上的痴迷，去洗清什么罪呢？

来莺儿不愿这样活着，如果死了，不仅挽回了曹操的威名，也成就了自己的一份真爱。于是，她郑重地向曹操行了一个跪拜大礼，之后便决然地转身而去，去了另一个能诠释她的真爱的世界。

来莺儿去了！她去得那样坚决，又去得那样坦然。望着她的背影，这个一生不知经历过多少惊涛骇浪、悲欢离合、生生死死、恩恩爱爱的曹操，竟然不由自主地流下了两行热泪。这是他第一次为女人流泪，也是最后一次为女人流泪。

谁说英雄无泪？这一行泪，承载了一位乱世英雄的多少柔情、深情和真情啊！这戏外的一滴，每一个水分子都是那么的情真意切！

㉜ 诗文中发广告

鲁迅说：“曹操是改造文章的祖师爷。”其实，从自卑与超越的意义上来说，曹操“上升”显现于诗文中的形象，比他“跌落”到史籍，特别是演义中的身影更为真实。

如果说曹操是“改造文章的祖师爷”，那么，罗贯中可以称作“改造人物的祖师爷”。一代英雄曹操在民间的形象之所以是白脸奸臣，完全是罗贯中一手改造的结果。

我们真正看到曹操的高大，大多是在他自己的诗文和别人写他的诗文中。别的文艺才华，如书法、音乐、围棋等且不说，仅仅是《蒿里行》、《观沧海》、《龟虽寿》、《短歌行》这几首诗，就是一张了解曹操最好的名片。

《蒿里行》，这首写于建安三年的诗，与其说是一首诗，倒不如说这是一位伟大的爱国诗人曹操心脉的跳动——

关东有义士，兴兵讨群凶。
初期会盟津，乃心在咸阳。

军合力不齐，踌躇而雁行。
势利使人争，嗣还自相戕。

淮南弟称号，刻玺於北方。
铠甲生虮虱，万姓以死亡。

白骨露于野，千里无鸡鸣。
生民百遗一，念之断人肠。

《蒿里行》共分四段，有启、有承、有转、有合。作者从各路诸侯聚集在一起讨伐董卓这一大好形势写起，而后笔锋一转，揭露诸侯们为了争夺霸权、图谋私利，各怀鬼胎以及自相残杀的丑恶嘴脸。紧接着对袁绍之流以讨伐董卓作幌子，行称王称帝之实，以致造成长期战乱、民不聊生的卑劣行径给予无情的抨击。

其实，“蒿里”之曲，原是齐国东部的民谣，它本是当地士大夫、庶民死后出殡时唱的挽歌。唱时一人领唱，数千人和唱，场面相当壮观。在这里，曹操把这首挽歌唱给了汉末。

钟惺曾在《古诗归》中说它是“汉末实录”，是诗亦是史。其实，它还像一篇战斗檄文，诗人用旧形式表现新内容，把斗争的矛头直指地位显赫的二袁。曹操不是一个纯粹只喊口号的文人，在实际生活中他也是如此。对袁绍之流的所作所为，他先是言诫，继之笔征，最后予以兵伐，直到把这群丑类赶下历史的舞台，从而完成“从批判的武器到武器的批判”。

这首诗的最伟大之处在于，曹操能够站在高处用真真切切的事实去记录最基层人民的苦难历史！曹操不但去反思这些，还能够用诗一般的语言写出来，并付诸行动来改变这种混乱的格局。《蒿里行》不是《三国志》，更不是《三国演义》，但了解汉末格局下的曹操，还有比这更艺术的真实吗?

曹操的诗，皆由真情实感而作，没有丝毫的无病呻吟和矫揉造作。官渡一战大胜后，他的雄心壮志再一步拓展。为了彻底消灭袁氏残余势力，公元207年，曹操率领大军征伐东北方大患乌桓。

在曹操北征乌桓胜利班师途中，他写下了一组用乐府旧题创作的组诗《步出夏门行》，全诗共有五个部分，开头是序曲“艳”，其后依次是《观沧海》、《冬十月》、《土不同》、《龟虽寿》。从音乐曲调上说，五个部分是一个整体；从歌词内容上看，四篇则可以独立成篇。

《观沧海》为曹操乌桓一战凯旋而归途中登临碣石山时所作，望着眼前辽阔的大好河山，曹操写下了这篇流传千古的佳作——

东临碣石，以观沧海。
水何澹澹，山岛竦峙。
树木丛生，百草丰茂。
秋风萧瑟，洪波涌起。
日月之行，若出其中。

星汉灿烂，若出其里。
幸甚至哉！歌以咏志。

这首诗是建安时代描写自然景物的名篇，也是我国古典写景诗中出现较早的名作之一。成诗年代虽离现在已有 1700 多年了，但岁月的流逝并未磨灭其深邃的诗情与哲理的光辉。即使是今日读来，我们仍能从这纯粹的写景中隐隐感觉到诗人那吞吐宇宙之气象。

再者就是《龟虽寿》。写此诗时，曹操已是五十三岁高龄了。但面对无法抗拒的自然规律，诗人一反“死生有命”和“叹老嗟衰”的老调，鲜明地提出人们应当尊重自然规律，用一种科学健康的养生方法来延年益寿，以为社会发展和人类进步作出更多贡献。全诗不长，加在一起只有 56 个字——

神龟虽寿，犹有竟时。
腾蛇乘雾，终为土灰。
老骥伏枥，志在千里；
烈士暮年，壮心不已。
盈缩之期，不但在天；
养怡之福，可得永年。
幸甚至哉，歌以咏志。

就是在这短短的 56 个字里，我们读懂了曹操的人生观、价值观和生死观。这些掷地有声的诗句，激励了后代无数的英雄志士，同时也使诗获得了生命的永恒。

秦始皇当年登临碣石时，与曹操的心情可能是差不多的。但是，面对生死观的问题，他却没有曹操那么坦然和自信——不为寿命而担忧，不因年暮而消沉！秦始皇一心想着长生不老，甚至找遍天下长生不老药。

《龟虽寿》开辟了一个诗歌的新时代。汉武帝罢黜百家，独尊儒术，把汉代人的思想禁锢了三四百年，弄得汉代文人只会写那些歌颂帝王功德的大赋和没完没了地注释儒家经书，而真正的文学却得不到发展，一世之雄曹操带头离经叛道，给文坛带来了自由活跃的空气。

在曹操的诗歌里，不仅有叙事的“汉末实录”《蒿里行》，全诗写景的《观沧海》，哲理与诗情并重的《龟虽寿》，还有政治性很强的《短歌行》。

《短歌行》写于公元208年赤壁大战前夕，曹军铁锁连舟之后，在一个月朗星稀的夜晚，曹操宴请众将。在风平浪静的江面上，一轮明月从美丽的夜空缓缓升起，大江上跳跃着闪闪的银光。看着这明媚的月色，看着江南那迷蒙的山影，曹操的心底涌出万千种情感。酒至兴处，忽闻鸦声往南飞鸣而去。曹操感于此景，竟横槊赋诗，即兴吟唱了这首千古名作——

对酒当歌，人生几何？
譬如朝露，去日苦多。
慨当以慷，忧思难忘。
何以解忧，唯有杜康。

青青子衿，悠悠我心。
但为君故，沉吟至今。

呦呦鹿鸣，食野之苹。
我有嘉宾，鼓瑟吹笙。

明明如月，何时可掇。
忧从中来，不可断绝。
越陌度阡，枉用相存。
契阔谈宴，心念旧恩。

月明星稀，乌鹊南飞。
绕树三匝，何枝可依？
山不厌高，海不厌深。
周公吐哺，天下归心。

赤壁之战前夕，踌躇满志的曹操，准备南下一举踏平江南。而此时的他已年过半百，国家正处于四分五裂之中，在这种历史背景下，他有感于生命短暂而功业未竟的迫切心情，写下了这首诗。

《短歌行》是一首政治性很强的诗作。曹操以高超的艺术技巧将政治理念完全熔铸在浓郁的抒情意境之中，寓理于情，以情感人。无论在思想上还是在艺术上，都取得了极高的成就。

既通文学，又谙书法，还会琴瑟、棋艺和养生，在中国帝王史上，这么全才的政治家又有几人呢？将武气带入文气，有刘邦著名的《大风歌》，不过那也只有寥寥几句。诗中尽显英雄之气的，曹操是个开端，也是个顶端。

在后世数百位帝王之中，超过曹操的微乎其微。清代乾隆皇帝的诗瘾最大，写诗几万首，但佳作不多，而曹操流传下来的诗歌则大都是精品。作为文学家，曹操被历代认可。他流露到诗文中的形象，不但有一种人性的超越，也有一种对美学的向往。当然，这些诗还在无意有意中把曹操作为一位诗人的形象宣传到了极致。

我们从他的大部分诗作来看，无论是状物抒情，还是叙事写景，都可以听到诗人的心声和时代的脉搏在一起跳动。它不仅继承了秦汉优秀诗歌的传统，推动了五言诗的发展，而且还一反汉末名门士族所谓“经术”的陈腐传统，向民间歌谣学习。他不但开辟了一代诗风，而且还铸就了一派建安风骨。

虽然《三国演义》和《三国志》影响了从三国到今天的大半边天空，但是，要读懂并深入了解曹操，恐怕没有比这蘸着一腔热血写下的诗篇更有说服力的“广告词”了。

33 葬礼上做文章

作为一位叱咤风云的英雄豪杰，曹操名震四海；作为一代“准皇帝”，真正的皇帝都要看着他的脸色说话；作为一代文学家，曹操的诗名传千古……这样一位人物，在离开这个世界的前夜，会说些什么呢?

公元218年，据《三国志·魏书·武帝纪》记载，曹操曾经在他的《终令》里写道：“古代的墓葬，一般都在贫瘠土薄的地方。当然我曹操也不例外，现规划西门豹祠的西原上建造寿陵，依据那里的高度选定基础，不起坟、不植树。按周代的礼制，冢人掌管公墓墓地规划并落实，凡是诸侯居于主墓左右的前面，卿大夫们居于后面，按汉制这被称作涪陵。那些公卿大臣和列将中有功的人，也适合陪葬于寿陵，可将墓地辟得宽广些，让他们全能容得下。”

从以上史料的记载中我们可以看出，曹操这人的确够大度的。他这宰相肚里不但能撑船，而且墓里还能够容下全部的文武大臣。这“遗书”不长，“文章”不少，不过也把葬礼安排得妥妥当当。

公元220年，为了一再告诫后代其薄葬的意愿，曹操在驾崩前又立下了一道《遗令》，其内容比《终令》更具体，这文中都讲了哪些内容呢？

曹操说，天下还没有安定，我不能遵从古人。我不要陪葬金银、玉器、珠宝等；我去世后，你们率领军队驻守边关的人，都不能离开屯兵的地方，不要让敌人乘我们之危打过来；后宫的佳丽们，你们要时常登铜雀台，看望我西陵墓田；各房的人如果没事可做，可以学着做带子、鞋子去卖，一定要居安思危等等。曹操真啰唆啊。不过，这遗书也确实写得很有意思。

中国历史上的帝王不知有多少个，但这样的《遗令》却只有一个。从格式到内容，都是这么别具一格，可称得上独一无二。

鲁迅先生曾说过：“当时的遗令本有一定的格式，且多言身后当葬于何处，或葬于某某名人的墓旁，（曹）操独不然，他的遗令不但没有依着格式，内容竟讲到遗下的衣服和伎女（古代指女歌舞艺人）怎样处置等问题。”

金性尧先生在《曹操的临终告白》里也说：“曹操的遗嘱，是古今帝王将相当中最人性、最坦率的一篇表白，包括对自己行事风格的省思、丧事的细节安排、后宫婢妾何去何从、子弟如何谋生等等，尽在其中。由此可见曹操性格里仁厚、体贴、细腻的一面。”

曹操是一个善于打破常规、破旧立新的开拓者，他的“不封不树”让历朝历代那些在人未死之前就先大肆修建陵墓的帝王们汗颜。不过，实际上魏文帝曹丕最初殡葬其父亲时，并没有按照这一规定去做。他命令有司依照汉制，在陵上设立了祭殿。

从后来曹操墓中发掘出的文物以及盗墓贼来看，曹丕不但在地面上设置了祭殿，而且还在墓中陪葬了一些父王曹操不让陪葬的玉器、翡翠、稀世明珠之类的珍贵物品。是啊，父王一生荣华富贵，给他留下了一个轻而易举就可以登上的皇帝宝座，他怎么会让父亲这么寒酸地离去呢？

不过，曹丕后来又颁诏说："先帝（曹操）一生节俭，他老人家遗诏天下，要求以俭省节约为原则。作为人子，我应该遵守孝道，听从父训。他的陵墓上的殿屋皆予以拆毁，车马还给军库，所藏的衣服也送到府里。只有这样，才能真正算是遵从和继承先帝俭朴的美德。"

由此看来，曹操陵墓的地面上原来是有建筑的，且规模很大，除设有祭殿、配殿外，还有车马坊等。曹丕之所以在最初建造陵殿，是为了殓葬曹操时祭祀之用；后来又平毁这些建筑，也是为了遵循家父"不封不树"的遗诏。其实，曹操本来是想让自己的墓葬保密的，但曹丕这样几折腾几不折腾，弄得盗墓贼也差不多都知道了。

公元221年，估计曹丕这小子脑袋又清醒过来了，他特作《终制》安排父亲墓葬之事。在《终制》中，曹丕表示要以尧、禹二帝之葬例作为自己的样板，以山为丘，不封不树，不建任何标志。这较之于曹操的《终令》，可谓更加具体。不仅有其然，还有其所以然。

正如曹丕在《终制》中所言："自古及今，未有不亡之国，亦无不掘之墓也。"要想避其一"劫"，就得从长计议——"匿葬"，这才是万全之策。所谓"夫葬也者，藏也，欲人之不得见也"即是如此。这一下，可以气死盗墓贼，保全自己的身躯。

曹丕终于彻底领会了父亲要"匿葬"的意思！

父亲提倡薄葬不殓金玉珍宝，在表面上看来，曹丕也按照父亲生前的遗愿去做了。其实，关于涪陵之论，曹氏父子也确实是赞成“灵魂论”的，但作为一代帝王，也不可能简葬到极度寒酸的地步。

简葬可以提倡，但一切必要的陪葬品还是要带进坟墓的。至于“灵魂论”，既然“魂而有灵，无不之也”（意即灵魂飞扬，没有到不了的地方），这就更有必要了。所以，曹操要求子孙、大臣、妻妾上铜雀台“望祭”，曹丕《终制》称“礼不墓祭”。

是啊，曹操不是乔玄，在去坟前祭拜的时候，乔玄还让曹操弄一头牛过去祭祀。曹操杀人无数，哪敢有乔玄这么大的胆量啊？

这真是一对知音般的父子啊。也难怪，曹操的《终令》不仅仅是写给待登大位的儿子曹丕看的，也是为了防范盗墓贼和宿敌旧仇。但是，简短的《终令》背后，谁也不知曹操耳畔私语给了曹丕多少“令”外之事……

而曹丕的《终制》可是写给曹真、司马懿等托孤重臣看的，唯恐有违，累论复嘱。

曹丕的《终制》，充分反映了曹操对其墓葬的有关思想。曹丕既是曹操墓葬思想的继承者，又是曹操墓葬的操办者、保护者和第一“责任人”。其实，在这《终令》里的文章之外，还有不少文章可做。

不过，曹操生前的俭省节约和死后的薄葬制度却是不打一点折扣的。有史料曾说，曹操生前一床被子用了十年，而且“食不过一肉，衣不用锦绣”。妻妾成群而各安俭朴，历代罕见。

在中国历史上，比曹操更伟大更有能力的帝王没有几个。但是，比曹操陵墓更阔绰的帝王陵却不计其数。其实，曹丕为曹操所建的祭殿，即使曹丕后来不平毁也是可以理解的。只是，他的“望祭”更胜一筹，不愧为中国墓葬制度的一个绝唱。

曹操在离开这个世界的前夜说，天下尚未安定，不能遵从古人，不要陪葬金银、玉器、珠宝等。曹操所说的“安定”，有哪个朝代符合这一标准呢？但是，却有数不清的帝王，在死后恨不得把全天下的金银财宝都装进自己的坟墓，甚至让全天下活着的人都为自己陪葬。

灵魂都已经腐烂了，尸体岂能长久？是你的你带走，不是你的也往坟墓里拉，甚至连活人都带进自己的坟墓陪葬。那么，还会有多少走向陵墓祭奠你的后人呢？

那一起死去的岂止是一个帝王之躯？

这一起活下的又岂止是薄葬的制度？

34 疑冢里玩游戏

关于曹操设七十二疑冢的说法，历史上有好多种版本。这一说法从北宋开始萌芽，到南宋走向兴盛,元明清时期进入史志和小说。但在正史中，却找不到疑冢的蛛丝马迹。

我们知道，七十二疑冢本来极有可能是一个传说，但后人却自我陶醉地把这个游戏从北宋玩到现在。而曹操，在坟墓里睡得正香甜呢，对这些却浑然不觉。

直到 2009 年 12 月，一个震惊中国乃至世界的消息在各大媒体传播开来，在河南省安阳县安丰乡西高穴村发现了曹操墓。

我们打扰了曹操在地下的美梦！其实，他本来应该可以从三国一直梦下去的。一种不见尸体不足以证明这就是曹操墓的理论，还是让我们把曹操彻彻底底地拉出来了。

几乎就在短短的几天内，中国的老百姓都知道曹操又出来了，又走出墓穴火了一把。按说曹操墓被发现，这是再正常不过的事。但七十二疑冢这个传说一直流传着，且被后人炒作得不正常了。

从三国走到21世纪，曹操在墓地里一路走得很轻松，但是，我们的考古学家和史学家却走得很累。文学家呢？这一群体相对于历史学家来说，比较“艺术化”一些。因为，他们走得相对主观一些。

这究竟是谁在拿疑冢玩游戏呢？又是谁在跟谁玩游戏呢？参与的人很多，但这些高调叫嚣的人群不外乎三类：第一类是想借曹操的名誉出名的人；第二类是想拿曹操的品牌赚钱的人；第三类是想靠曹操的争议升职的人。其实，真正得到实惠的人他一直很低调，那就是盗墓贼。

曹操墓出土的文物

自曹操这次从地下走出来“晒太阳”之后，以安徽亳州和河南许昌、安阳为主的曹操疑冢地的“代言人”怎么也无法平静了。大家围绕着曹操墓的真与假，围绕着经济和文化，开始唇枪舌剑。当然，争论争论也是一件好事，一切真理都是在争论中产生的嘛。

在安阳曹操墓的消息发布后不久，一个震惊几地经济、政治和文化的大胆预言在全国人民的关注中提出来了。一位学者对外声称，开发曹操墓，每年至少能给当地带来4.2亿元的经济效益。

这时，安徽亳州又希望能和安阳、许昌建立旅游方面的合作，形成一个完整的曹操文化旅游线路，共打“曹操牌”，共同开发，实现双赢，甚至连广告语都策划好了——“如果想了解曹操的身世，就到安徽亳州；如果想了解曹操的丰功伟绩，就到安阳和许昌。”这一设想，比曹操还有经济头脑。按说，这样的文化线路策划也算得上一件好事，至少当地官民和曹操会很高兴。

可是，凡牵涉到经济和文化纠缠不清的事，在一些人高兴的同时，总会有一些人不高兴。因为，文化人最怕文化被政治和经济利益涂鸦得面目全非，糟蹋得只剩下铜臭味；经济人最怕不能赚个钵满盆盈。

一年后，这位学者的账单又变了，“不是（2008年）4.2亿，是（2010年）6个多亿”。如果曹操知道在21世纪的2010年，他的一个被盗墓贼盗过的残缺的高陵竟然“身价”6个多亿。那么，曹操绝对会真搞出七十二个疑冢让后人去开发……

到此为止，许多人都相信：尽管经济与文化有些小分歧，但至少曹操的疑冢游戏算是玩到头了。

让“曹操”也想不到的是，不久后，又有一些人出来高调发言了：曹操墓存在造假嫌疑！这个含义深远的消息在网络上吵得沸沸扬扬。曹操又火了一把，被卷进曹操墓事件的一些人也跟着火了一把。

关于曹操墓真假的问题，各界又进入了下一轮无休止的争论，看来在短时间内不可能画上一个句号。

曹操这样一个权力与地位不亚于帝王的一代英雄，在死之前，甚至还为自己准备了送终的四季衣服。并留下遗嘱说，我如果死了，请按当时季节所穿衣服入殓，金玉珠宝铜器等物，一概不要随葬。曹丕的《策文》和曹植的《诔文》中还写道，曹操入殓时穿的是缝补过的衣服。高级盗墓贼啊，如果看到这些，你还去做太多的无用功吗？

至于曹操墓的位置，更没有任何争议。公元220年，曹操在《遗令》中说要葬于邺之西冈上，与西门豹祠相近。这里方位与之相符，还说要他的妻妾时时登铜雀台，望吾西陵墓田。事实证明，这一带果然处在从铜雀台一带登高西望所见的最好位置。在《三国志》《晋书》等史书中，司马懿、贾逵、夏侯尚等人的传记里，也有他们护送曹操灵柩到邺城入葬的记载。

公元645年，唐太宗李世民在远征高句丽路过邺城时，曾专门前往曹操墓祭奠，并亲自写下祭文一篇。这是历史上有记载的对曹操墓最后一次高规格盛大祭奠。所以曹操墓还是可以清晰地确定的。

但是，二三百年过后，找不到曹操墓的北宋人，就编了一个七十二疑冢的传说。说曹操为了防止自己的墓被盗，在安葬那天七十二具棺木从东南西北四个方向，同时从各个城门抬出。曹操“七十二疑冢”之说，就这样在民间流传开来。

后来，反映曹操疑冢的文学作品和民间戏曲也层出不穷。起初是王安石的一句“青山如浪入漳州，铜雀台西八九丘”。这里的“八九丘”又被南宋初期的李壁注释为曹操的疑冢。

最典型的是南宋诗人俞应符的《曹操疑冢》。他曾在文中写道：“生前欺天绝汉统，死后欺人设疑冢。人生用智死即休，何有余机到丘垄？人言疑冢我不疑，我有一法君未知。尽发疑冢七十二，必有一冢藏君尸。”

蒲松龄《聊斋志异》中也收入了一篇《曹操冢》，并将地点从邺城扩大到许昌城外，位置从地下扩大到水底。点出曹操墓可能在其设的七十二疑冢之外，更显示出其诡诈。

至于《三国演义》中的七十二疑冢，那不是罗贯中所创，而是毛宗岗父子后来给添上的。又加之后来许多影视作品也几乎都是按照这个版本来拍摄的，所以，曹操的疑冢之说到现在几乎是家喻户晓，老幼皆知。

写到这里我们不禁要替曹操喊一声不公了——什么叫“生前欺天绝汉统”？什么叫“死后欺人设疑冢”？如果是，那么，汉朝本身又曾经绝了什么统呢？再以前呢？再以后呢？比曹操晚生九百年而经历了魏晋南北朝隋唐五代十国，却还在追求汉朝血统。这是什么荒唐的逻辑？

关于曹操疑冢这个游戏，可以说几乎都是文学家在自导自演，从宋代演义到现在，从纸媒演义到荧屏，接着又迅速走红网络。也许，就连曹操自己也没想到他在21世纪又火了一把。

其实，曹操并没有说他要生前一统天下，死后一统历史。可是，从宋时的疑冢到今天的“疑冢”，曹操几乎在哪一个时代都没被冷落过。

作为曾经成立历史上唯一一个军方盗墓机构的曹操，他是知道没有不亡之国，亦无不掘之墓的历史教训的。那么，想要墓不被盗就只有薄葬。既然薄葬，曹操更没有设疑冢这个必要了。

现在，曹操这个人虽然可以“盖棺论定”了；但是他的墓，却一直未能“盖棺论定”，尽管他在《遗令》里说得清清楚楚。

这究竟是为什么？可笑可怜又可恨的盗墓贼，想必在今天现场发掘和开棺验证的“疑冢游戏”里，有很大可能是他们在中间作乱……

一千多年来，到底是谁在拿疑冢玩游戏呢？——墓外的文学家拿墓里的曹孟德玩。其实，在游戏的背后还隐藏着一个问题，那就是谁在给谁玩？阴阳两重天，很显然是地下的曹操和地上的我们。

不管怎么玩，我们都是玩不过曹操的。因为，他一直在“明处”，他现在在哪，他自己最清楚。而我们一直在“暗处”，我们一直在清醒中寻找他，在迷失中寻找自己。这个生前一统天下的人，死后怎会不一统历史呢？也难怪他一直会这么“火”……

35 曹伯乐的用人经

曹操，他没有真正的仇敌，也没有真正的朋友。只要能帮他扫平天下，仇敌也是朋友；反之，朋友也是仇敌。曹操身边的文武百官，大多是从别人阵营里跑过来的。与其他群雄相比，他更懂得乱世争雄靠的是才俊。

在曹操的“五大谋士”中，曾经的首席谋臣荀彧和他最器重的谋士郭嘉都是弃袁投曹；首席军师荀攸——荀彧之侄，以及程昱，是一度弃官回家的大名士。后来多人邀请不出，曹操邀请却一口答应“出山”；贾诩是从张绣帐下投奔曹操，后又劝降张绣投奔曹操的。

从以上可以看出，在曹操的五大谋士中，其中有三个曾经是曹操敌手阵营的骨干，为故主战曹操出尽良策，立下了汗马功劳。但是，曹操一点都不在乎这个，他不看过去，只紧紧把握住现在，

曹操点将台

两眼紧盯着未来的江山。这些从敌手阵营里走来的骨干，到他这里依然能得到非同一般的待遇和地位。

在曹操的“五子良将”中，乐进是最早投奔曹操的；张辽昔日从属丁原、董卓、吕布，后吕布败亡也投奔曹操；于禁早期随鲍信起兵讨黄巾，后来一起归附曹操；张郃本为袁绍部将，后也投降了曹操；徐晃为杨奉帐下骑都尉，杨奉被曹操击败后转投曹操，参与过官渡、赤壁、关中征伐、汉中征伐等几次重大战役。

在这些文武骨干中，最典型的就是贾诩。贾诩曾经与他的主子张绣三次和曹操交战，结果都战成平手。曹操意识到了张绣不好打，不好打的原因就是因为张绣帐下有个很厉害的人物——贾诩。

贾诩屡出奇谋，击败曹操。后来，曹操放弃南征，与袁绍对峙于官渡。袁绍派使者约张绣共击曹操，张绣答应了。但贾诩却主张与其依附袁绍，不如投奔曹操。可是，张绣心里发虚。

张绣说：“我们与曹孟德打了三次大仗，还杀了他的长子，斩了他的爱将，他能不记仇吗？”

贾诩笑道：“我知孟德为人，绝不会加害于主公。恰好相反，孟德必厚待能人志士。”

贾诩如此自信，张绣依言而行。于是，张绣带部队投奔了曹操。曹操果然热烈欢迎，携张绣共进晚宴，那股高兴劲儿，像见了十年二十年的老朋友似的。

张绣和贾诩来了，曹操从脸上笑到心里，他的笑容虽然有十几甚至几十种，但却能轻松地穿梭于各种不同的表情之间。他笑迎张绣、贾诩的那张脸，在他的几十种笑容中是对比反差最明显的两种。

后来，贾诩封侯，与大谋士郭嘉、荀彧处于相等的地位。昔日还是不共戴天的仇敌，今天就成了并肩作战的朋友。曹操不仅能够把敌手很快变成爱将，接下来又迅速变成儿女亲家——他的一个儿子娶了张绣的女儿。其实，也正是因为曹操这博大的胸怀，所以比当时的其他豪杰更能化敌为友。

曹操的志向很明确，他完全不受情绪的干扰。他有一种超乎常人的表演天赋，在现实中的演戏水平，绝不在今天一些著名演员之下。据史料记载，他不管是对文臣还是武将，只要你有才干，我就赏识。就是以前骂遍他祖宗八代的陈琳，曾经背叛过他的魏种在内，只要你愿意跟着我曹操，我照样能既往不咎。

官渡之战前夕，陈琳本是袁绍手下的笔杆子。因为官渡之战即将开战，为给主子袁绍找一个攻打曹操的理由，陈琳写了一篇讨伐曹操的檄文。

古人作战一般都讲究师出有名，袁绍让部下陈琳写一篇檄文，按说这是很正常的事。可是，袁绍这一安排，陈琳的命运就不一样了。好不容易找到一个可以施展自己文采的大好机会，于是，陈琳也就好好地把握。他下笔千言，洋洋洒洒。檄文精彩至极，袁绍看罢激动万分。

檄文发到曹操手中，曹操一看，陈琳从曹操的祖宗骂起，一直骂到曹操，而且还动不动就是你祖宗八代怎么怎么。曹操看后心里当然很生气，可是，瞬间他又笑了：这么有才华的人怎么就到了袁绍手下？等着！总有一天，或者很快，我让你来替我写讨贼檄文……

官渡一战，不管是袁绍还是陈琳，也许他们都没想到自己会败，而且还会败得如此惨。袁绍死了，陈琳做了俘虏。曹操会如何处置这个骂遍自己祖宗八代的文学巨匠呢？

这个时候，几乎所有人都替陈琳捏着一把冷汗。大家想曹操非把陈琳斩杀了不可，即便不亲手杀了他，也要让他受尽折磨。可是，曹操没有。他舍不得，这是个难得的人才，杀了太可惜了。再说了，他既然能为袁绍这样卖命，估计也会为自己这样卖命。

这个肚里能撑船的丞相，只是很温和地说，陈琳啊，两军交战，找个理由攻打对方发表篇声讨书什么的很正常。你替袁绍那么卖命地声讨我，这个我也能理解。可是，袁绍是与我打仗，你骂骂我也就算了，你骂我祖宗八代干什么啊？他们又没得罪你，你这样不大好吧？

陈琳心里也很恐惧，但还是实话实说，曹公啊，这檄文虽然是我代笔写的，但不是我心里要骂你啊。你想想看，我拿着主子的工资，若不卖命地为主子干活，心里也过意不去呀。

曹操很大度地说，你也是个人才。现在到了我的手下，你还做你的笔杆子吧。

比陈琳更牛的还有一个魏种。当初，曹操在兖州推荐魏种为孝廉。兖州反叛时，曹操还很自信地说："只有魏种不会辜负我。"后来当曹操听到魏种逃走的消息后，气得肺都炸了。他发誓："你魏种不逃到南越、北胡，我就不会放过你！"

曹兵攻下射犬时，曹操的部下生擒了魏种。这个魏种可是让曹操恨得咬牙切齿的人，部下当然不敢随便处置。这时候曹操却犹豫起来。为什么犹豫呢？因为魏种是一个很有才干的人。思考良久，最后，曹操亲自为魏种解开了捆绑他的绳索。魏种感动啊，感动得无地自容。后来，曹操任用他为河内郡太守，让他负责黄河以北的事务，魏种果然死心塌地。

从这个例子可以看出，曹操对背叛自己的人的宽容可谓是古今领导的表率。有了这样的一次死里逃生，想必魏种对曹操的大度已经千分佩服、万分感激。

天下有曹操这样看得如此长远的政治家吗？像张绣、贾诩、陈琳、魏种等人，即使换成任何一个帝王将相，恐怕他们最终的下场也只有死路一条。但是，曹操的如意算盘早就打好了：只要你有才，只要你与我保持统一战线，政治立场一致，只要你别侵犯我的尊严。那么，不管你出身如何，都能够得到我的重用，哪怕以前是不共戴天的仇敌也没什么。

汉代选拔官吏，被选用人一般既要有仁义、孝道等方面的封建道德品质，也要有高贵的家世出身。但是，在汉末乱世，曹操为维护和发展势力，让更多的人为自己的事业尽心竭力，完全不受上述标准限制。

从公元 210 年到公元 217 年，曹操先后下了三次"求贤令"，选拔和任用一些有才能的人。在曹操的骨干谋士和大将名将中，有许多都是曹操从亡虏中选拔出来的。而且，这些人还能够尽心竭力、屡出良策、拼杀疆场，忠心耿耿地辅佐曹操成就大业。

曹操的惜才、爱才，是世人皆知的，也是观众和读者皆知的。几乎可以说，他的曹魏江山，就是这样一帮人给开拓出来的。曹操能够驾驭这样一帮才能卓越的奇才，也说明他确实是豪杰中的豪杰。

一个乱世给曹操，就相当于给千里马整个草原。可是，这匹千里马，他还是一位卓越的伯乐！一位可以把当今无数教授和管理家挤下水的伯乐。

36 文姬归汉背后

公元208年，发生了史上著名的赤壁大战。但对于曹操和历史来说，还有一件被传为美谈的文化大事——“文姬归汉”！一代大儒蔡邕的女儿蔡文姬，在受尽折磨和凌辱后，在曹操的精心安排下，离别丈夫和儿子，从匈奴回到了中原大地。

其实，一代才女多舛的命运，皆因汉末的这一把龙椅失控。对蔡文姬和一部“汉史”来说，汉末重臣司徒大人王允是“罪人”。再向前追溯是董卓，董卓之前还有何太后的弟弟何进。

蔡文姬本有一个很幸福的家庭。父亲蔡邕是大文学家，也是大书法家。他精通天文地理，妙解音律。在洛阳，俨然是文坛的领袖。据说，那时曹操也经常出入蔡府，向蔡邕请教。每当看到文姬漂亮可爱的模样，曹操也常常会逗逗她。看着诗词音律样样皆通的文姬，曹操还曾羡慕地对蔡邕说："文姬如此出色，哪家公子能有娶令爱之福？"

蔡文姬

可惜，时局的变化，打断了文姬一家的幸福。这个乱世，给曹操带来了一个绝佳的发展机会。但对于一代大儒蔡邕父女来说，灾难却刚刚开始。

董卓进京后，尽诛十常侍。为巩固自己的统治，他刻意笼络名满京华的蔡邕，还将他一日连升三级，三日周历三台，拜中郎将，后来甚至还封他为高阳侯。这些，司徒王允都是心中有数的。

在这个乱世里，蔡邕以一个文人的力量能怎么样呢？当初董卓不是也想拉拢曹操吗？曹操冒着在全国被通缉且命悬一线的危险跑了。可蔡邕不是曹操啊，他虽满腹诗书却手无缚鸡之力。

公元 192 年 4 月，董卓在司徒王允的离间计中死于亲信吕布刀下。

当听到董卓被杀的消息时，蔡邕正好和王允在一起。蔡邕感到很突然，眼中不禁流露出一丝震惊，还不由自主地发出一声叹息。

王允听到这声叹息后勃然大怒，严厉指责蔡邕："董卓是国家的罪人！你身为天子臣民，应该从大局考虑。不想你却念及他对你的一点私人恩惠，竟然为他感到痛惜，这难道不是与董卓同一个鼻孔出气吗？"说完，便不容分辩，立即将蔡邕押至廷尉处问罪。

这是什么罪？王允说不清。作为文学家和史官的蔡邕，他是没处说。

为了完成《汉史》，蔡邕请求黥首刖足。士大夫也想方设法救他，太尉马日蝉甚至还专程前往王允住处。马太尉告诉司徒王允："伯喈是难得的旷世奇才，学问渊博，见多识广。特别是对本朝故事了解颇多，应当给他机会，让他继续写成史书；况且他以忠孝闻名于士大夫之中，现在以莫须有之名给他判罪，恐怕有失众望，不服人心啊。"

王允哪里听得进这些劝告，立即反驳马日蝉："先前汉武帝不杀司马迁，让他写成谤书，流传后世。现在国事衰败，社会上缺乏时代精神，不能让蔡邕像司马迁那样，毁谤和诬蔑幼小的天子。因为这既对神圣的道德教化毫无益处，而且还会使我们这些人遭到批评和指责！"

马日蝉无奈，只得退出。他感慨地对别人说："像王允这样不重视贤才，切断国家命脉，阻碍国家经典流传的人，是绝不会维持久远的！"

之后，文武百官和士大夫对蔡邕的死议论纷纷，王允这才真正明白蔡邕的确是罪不至死，他后悔莫及。

公元 192 年，还不到二十岁的蔡文姬，就这样失去了父亲。因为一声叹息！蔡邕死在了司徒王允的鼠目寸光里。如果不是王允这个一只眼睛在天上、一只眼睛在地狱的人的滑稽思维，说不定一代才女蔡文姬也不会流落到匈奴。

董卓除掉了，可大乱依旧。王允在如何安排和处理董卓的旧部时反复无常，态度极不慎重。最后，还是死在自己的犹豫不决中——被董卓余党李傕、郭汜处决。这一年，也是公元 192 年。

想想这位汉末忠臣当初杀一代名士蔡邕时的坚决，这让许多人心中的怒火才多少平息了一些。可是，他的命怎能与蔡邕相提并论呢？就是他不死，《汉史》他也写不出来啊。

何进死了，董卓死了，王允也去西天了。公元 195 年，朝中发生董卓余党李、郭之乱。杨奉等人竟引南匈奴军进入中原平乱，战火一直蔓延到文姬的家乡陈留圉县。

据《三国志》注引《典略》记载："天下丧乱，文姬为胡骑所获，没于南匈奴左贤王。"文姬被乱军所虏，与许多被掳的妇女一起被带到南匈奴。一代才女蔡文姬的命运，从此自天堂走向地狱。一路上饱受番兵的凌辱和鞭笞，一步一步走向渺茫的未来。这一年，她才二十三岁。

因为貌美，蔡文姬后被胡兵献与匈奴左贤王为王妃。

这一去，就是十二年。在南匈奴的十二年中，饱尝了异族异乡异俗生活的痛苦。

也不知有多少回，蔡文姬朝着中原的方向眺望，千百次梦回洛阳、陈留……

公元 208 年，曹操不惜重金赎回了蔡文姬。这与王允将蔡邕以莫须有的罪名毫不迟疑地铲除相比，孰奸孰忠？恐不言自明。

首先，从文化的角度看。蔡文姬归汉后，应曹操之请凭自己出色的记忆力，将父亲已散佚的四千余卷书籍背诵出了四百多篇，并亲手缮写清楚，文无贻误。继承了父亲的事业，为中国古典文化典籍的保存和传播作出了巨大贡献。如果不是曹操，蔡文姬恐怕没有心情，也没有机会和动力去写出这些文化典籍。

一位能够深刻认识到并去保存汉文化历史的“汉贼”，与一个毫不犹豫地杀死一部《汉史》作者的“忠臣”相比，孰是孰非，历史自有公断！

其次，从政治的角度来看。蔡文姬是被匈奴胡骑所掳，这也伤害了汉族人民的感情，更是汉族领袖的一大耻辱。但是，这一耻辱，只有曹操意识到了，并去努力洗掉这个耻辱的印迹。

公元 202 年，南匈奴首领归附汉臣曹操。公元 208 年，中国北方已被曹操统一，这一年他进位汉丞相。这时候，匈奴是要看着汉族人民的脸色说话的。

当许多人在考虑自己的封土和兵马又增添了多少时，只有曹操考虑到了大汉的一代才女还在受着外族的凌辱。所以，曹操顾全大局，决定赎回文姬，拿回汉族人民的尊严。

再次，从感情的角度来看。蔡邕是曹操敬佩的恩师，文姬又是一代才女。曹操之所以不惜重金去赎回文姬，那是因为他是重情的，爱才的，他爱屋及乌。

在赤壁大战即将拉开之际，曹操忙着征讨东吴，但却没忘记蔡文姬之事。他帮文姬张罗婚事，命董祀做她的丈夫。

因为偌大中原，却没有一个是蔡文姬的亲人，所以曹操就为文姬选了一个优秀的夫君。这位夫君虽是军官，却也懂艺术，通书史，年轻英俊，且又是文姬的老乡，两个人很般配。

一年多过去了，做屯田都尉的董祀不知为何事触犯刑律，执法甚严的曹操下令砍头。在这种情况下，文姬就“蓬头跣足”地去为董祀求情。她哭跪于曹丞相宴请宾客的厅堂之中。

曹操对文姬说：“我确实同情你和董祀啊，但是判决的文书已经送出去了……”文姬说：“您马厩里有上万匹骏马，还有数不清的猛士，为什么舍不得让人骑一匹快马追回文书，去救助一个将死之人呢？”当时曹操客厅里的公卿、名士以及远方的使者、宾客等，都被文姬的一片真情所深深感动。曹操也为此免了董祀的死罪，挽救了他们的婚姻。

董祀出狱后，对妻子感恩戴德。董祀爱怜她，尊敬她，与她泛舟洛水之上，徜徉山林之间。在蔡文姬与董祀温馨的家园里，有时还会意外地迎来一位特殊的客人——魏王曹操。这一对才子佳人在后半生过着恩恩爱爱的生活，两人还生有一儿一女，女儿嫁给了司马懿的大儿子司马师。

噩梦般的生活终于在文姬三十七八岁时彻底画上句号。这个时候，文姬也得以把记忆的闸门拉开，让昔日积聚的满腔苦水哗哗地流出来——艺术升华了苦难，中国文学史上为此也多了一首著名的《悲愤诗》。

曹操向匈奴所要回的何止是一个蔡文姬？

王允一把利剑所杀的又何止是一个蔡邕？

37 铜雀春深梦二乔

绯闻不是现在的专利，三国有，三国之前有，三国之后也有。不管是为了战事还是为了有趣，人们总乐意把最不可能的人，特别是比较有影响力的“名人”牵扯在一起。因为，他们的组合有最大的轰动效应。

“东风不与周郎便，铜雀春深锁二乔”，杜牧这句诗可谓像诸葛亮智激周瑜的故事一样，让全世界人都知道了曹操的这个梦想，还有赤壁之战爆发的原因。一场东南风让曹操遗憾万年，也让周瑜得意几世。

只可惜，上天还是为周瑜送来了东南风；也因此，三国时期的美女大乔和小乔，才没有被曹操锁于铜雀台中。

二乔，只能或者也仅仅是曹操铜雀春深时的一个美梦而已……

历史上，这大乔、小乔与曹操素昧谋面，他们之间也没有什么实际的瓜葛。如果说有，纯粹是文学家一手策划的。这种“莫须有”的关系，从三国维系到现在，虽然不曾发生什么，但其中依然有着许许多多生动的故事。当然，也给后人留下了无限猜想。

在三国，遍地是连绵不尽的战火和硝烟。应该说，那个天下，那个时代，本就是属于男人的。即便有几个美女，大多也是奖励给战场上的大英雄的。

孙郎与周郎的大小乔，基本上可以说是从皖城之役结束后，二人从皖城的战场凯旋的“战利品”。甄洛，是曹操官渡大战的战利品，只是被儿子抢先一步弄到手了而已。尹夫人，三国著名美男子何晏的母亲，虽然已是孩子的母亲了，但是曹操依然把她弄进了后宫，其实也是曹操的战利品。

除了“江东有二乔，河北甄芙巧”，三国还有貂蝉这个历史上响当当的美女。这个苦命的美女，也是为爱情牺牲在政治与战争的路上。她本是与吕布爱得死去活来，但吕布被曹操活捉，貂蝉不愿跟从曹操，也就随吕布一起去了西天极乐世界。

我们可以想象，如果曹操的铁蹄踏平了江东，那二乔的命运会不会如甄洛、尹夫人或者貂蝉一样呢？其实，杜牧这诗也不是写得没有一点道理和科学根据。

二乔到底有多美呢？《三国志》说，“皆国色也”，也就是国家级的美女，在整个三国都是数一数二的。

其实，如果真如罗贯中笔下的诸葛亮说的那样，这赤壁之战是曹操为了二乔而战，那就更有意思了。

想想看，如果一位英雄率领近百万大军纯粹为得到一位美人去打一仗，真倒说明曹操是爱大乔或小乔的，这英雄把如统治权一般独一无二的爱情的价值也推向了极致。不置可否，他这是在演绎一个不可超越的经典。那么，不管是大乔还是小乔，若跟着曹操也跟值了。

可问题的关键是，这曹操是感情泛滥啊！他的铜雀台里到底有多少中原美女？除了他自己，谁心中有数呢？谁敢亲自去数呢？

赤壁这场战争，问题是它没有全世界人皆知的特洛伊战争的浪漫和美好啊。十年的特洛伊之战是纯粹冲着国色美女海伦而打；可这赤壁，曹操是冲着赤裸裸的利益而打的啊！

当然，这希腊神话中的特洛伊之战，如果在三国的土地上再上演一下，这二乔绝对比海伦的知名度更高。不过，赤壁之战绝对没有特洛伊之战打得精神境界高、打得有意义。

一位英雄纯粹为了得到一位佳人打一仗，这叫绝版爱情；那么，一

铜雀三台遗址

位英雄为了得到一国美女去打仗，那叫什么呢？曹操是为了江山顺便捎带着为美女去打仗。

听听诸葛亮跟周瑜是如何说的，我当年未出山时就听说曹操在漳河新造了一个铜雀台，这铜雀台据说还极其壮丽。曹操广泛收罗天下美女，而后纳入其中。

曹操这人，本来就是一个好色之徒。他很早就听说江东乔公有二女，也就是大乔和小乔，个个都有沉鱼落雁之容，闭月羞花之貌。而且，更让人“想象不到”的是，曹操还曾经发誓说：“吾一愿扫平四海，以成帝业；一愿得江东二乔，置之铜雀台，以乐晚年，虽死无恨矣。”

曹操的野心真够大的，江山、美女，他要兼得啊。其实，诸葛亮说的没错，如果曹操扫平了四海，那四海美女还不都是他一个人的了？江山有了，国色美女有了，他不安享晚年还干啥去啊？这样他肯定会死而无憾了。

曹操这个铜雀台，中原美女差不多都在其中，如果再把二乔抢到手，那他真可以放心地死去了。

诸葛亮的话说得明白，而且还特地再补充一句，如今曹操虽然引百万之众虎视江南，其实也就是仅仅为了两个女人也。怕周瑜不信，诸葛亮又添油加醋地说，曹操的儿子曹植曾奉曹操的命令作《铜雀台赋》，文中就曾这样写道：“揽二乔于东南兮，乐朝夕之与共。”

为了救自己家的主公，诸葛亮这样添油加醋似乎可以理解。其实，诸葛亮也并非全是瞎掰，罗贯中也并非全是瞎编。曹操这人，的确好色，十六七岁时与袁绍一起劫持人家新娘的壮举，谁人不知？

铜雀这台，也的确是曹操的美女集中营。建安十五年，曹操建铜雀台，据说每间房里都有一个绝色美女。这些美女哪来的？是曹操走到哪抢到哪，打到哪抢到哪。

罗贯中和诸葛亮也没有冤枉曹操，就连临死时，他还遗令如云的妻妾们每逢初一、十五要在铜雀台上对着他的陵墓唱歌呢。

曹操的好色，是天下人皆知的，生前如此，死后也一样。他是一个离不开美女，或者说离开美女不能活的英雄。

如果赤壁之战成功了，大小乔得到了，估计这曹操还能多活几年。不过，这也只是假设。

一生也没有攻下吴地的曹操，那铜雀春深也只能梦二乔了。不过，一个故事总要留下一点遗憾才有动人的美感。曹操的这一点遗憾，留下它，也的确有点美感，一点给后人留下无限遐想的真实美感……

38 后宫夫人知多少

在曹操的后宫里，历史典籍记载的曹操妻妾共有十五位。其中王后（卞氏）一人，夫人（丁氏、环氏、杜氏、秦氏、尹氏）五人，昭仪（王氏）一人，姬（孙氏、李氏、周氏、刘氏、宋氏、赵氏）六人，妾（刘氏、陈氏）二人。顺便说一下，刘妾是曹操原配丁夫人之侍女。

至于这以外的还有多少，恐怕连曹操自己也数不过来。这十五位女人，共为曹操生了二十五个儿子，七个女儿。其中，曹熊、曹昂、曹冲等十三个儿子，在曹操病逝前已经离世；七个女儿中有三个嫁给了汉献帝（曹节是汉献帝的皇后，曹宪和曹华是汉献帝的贵人）。但在这有史记载的十五个妻妾中，只有卞后和丁夫人有事迹可查。

我们先聊聊曹操的原配丁夫人。在古代，男子休妻是再正常不过的事，而女子休夫，这不是神话也是传说。可曹操的原配丁夫人，却创造了一个休夫的千古神话。

在三国那个时代，没有几个人敢不把曹操当回事，但丁夫人就敢。当然，这倒不是丁夫人故意为难曹操，而是曹操自己犯下了不可饶恕的错误。什么错误？这还要从丁夫人嫁进曹家时一同嫁过来的侍女刘氏所生的儿子曹昂说起。

这个刘氏命苦，在生下长子曹昂、长女清河公主和儿子曹铄后便去世了。临终前，她托付正室丁夫人抚养三个孩子。对于刘氏托付的这三个孩子，丁夫人一直当自己亲生的孩子来抚养，特别是长子曹昂，她更是倾注了全部的心血。当然，曹昂也没有辜负嫡母的期望，他不但孝顺，而且还是声名远扬的少年将领。

丁夫人教子有方，这是曹操不得不佩服的。但是，这位良家妇女，看不惯丈夫在外面拈花惹草的贪婪劲儿。为此，两个人常常闹别扭。不过，有个曹昂这样的儿子，丁夫人也就对曹操这种吃着碗里看着锅里，甚至还要去别人桌上夹一筷子的举动多少忍让了一些。因为，她说归说骂归骂，曹操还是该怎么着就怎么着。有时丁夫人就想，我就只当你这个老东西死了。

可是，发生在公元 197 年的这件事，终于让丁夫人忍无可忍了。

事情的缘由是这样的。曹操率军讨伐南阳张绣，结果一见到张绣寡居的婶母姿色出众，便像饿狼一样忘乎所以地扑了上去。张绣被迫投降，本来就心有不甘，如今曹操居然要做自己的“便宜大伯”！是可忍，孰不能忍！

张绣在曹操毫无防备之时，率旧部夜袭曹军大营。沉浸在温柔乡里的曹操被打了个措手不及。在混战中，不但曹操身负箭伤，他的长子曹昂更是被乱兵射杀。更让丁夫人伤心的是，曹操之所以能够死里逃生，全亏了曹昂将他的坐骑“绝影”神骏让给了曹操。曹昂死了，他的“绝影”神骏却救了曹操一命。

这一切都是曹操的罪过。他岂止是对不起自己的儿子曹昂啊！他更对不起丁氏呀！当消息传到丁夫人那里，你说她怎么会不痛不欲生呢？

丁夫人可不管什么大战不大战的，当她听说曹操后来居然宽恕张绣并纳张家女人为妾时，新仇旧恨一起涌上心头，对曹操这个老色狼痛恨到了极点，于是哭骂道：“将我儿杀之，都不复念……”

何止是骂？估计丁夫人打曹操一顿的心都有，只是心有余而力不足。其实，曹操也伤心啊！但责任在自己，他无话可说。曹操献殷勤，丁夫人不理、不睬、不甩。丁夫人当面痛骂，背后痛哭，简直对曹操失望极了。

曹操，这个不可一世的大英雄，如何会受得了这样的羞辱？

他虽然对丁夫人和曹昂心怀愧疚，但也忍耐不住了。于是便下令将丁夫人送回了娘家。这一送不当紧，还能否请得回来呢？

曹操以为丁夫人在曹府过惯了锦衣玉食的生活，回娘家后必然难耐清贫，很快就会回心转意。可是，他错了。他太低估与自己一起生活了十几年的丁夫人。在自己娘家，丁夫人泰然自若，优哉游哉地在织布机上纺纱呢。曹操多次派使者去接她回家，这个高傲的夫人连看都不屑看一眼。纵然如此，曹操依然没有放弃请丁夫人回家的念头。他以为是自己诚意不够，丁夫人肯定在等着自己亲自去请呢。这一次，曹操想错了。他太高估自己了。

曹操终于闲下来了，亲自带着侍从人马，去丁家迎接妻子。听说女婿来了，丁家人连忙让丁夫人出来迎接丈夫。谁知丁夫人却恍如未闻，依然不慌不忙地织她的布，丝毫没有出来迎接夫君的意思。

都到这个地步了，曹操还以为丁夫人不出来迎接，是在试探他的耐性呢。不过，尽管如此，曹操还是不计较，亲自走到织室去找丁夫人，而且还抚摸着丁夫人的后背请求说："你就不能回头看看我？与我同车返回王宫吧！"

丁夫人对走到织布机前的曹操是何反应呢？——既不回头，更不答话。任随你曹操如何献殷勤她都不予理睬。曹操还是没有死心，他在等着丁夫人与他说句话。然而，曹操等了许久，丁夫人依然没有一丝反应。曹操只好无趣地出去了。

曹操的秘书和侍卫都看不下去了，随从请他上马，曹操却犹豫着再次走到织布机前，请求丁夫人回心转意，跟他一起回曹府。这时的丁夫人，手里的梭子一线不错地照织不误。那份沉稳，胜似空城计中弹琴的诸葛亮。遇到这么一位内心如此强大的女人，曹操也没办法。

曹操看怎么做都挽不回丁夫人的心，也就死心了。回到自己的王宫后，曹操让人传话给丁家，说既然她不愿意回来，那就让她找一个更好的人家改嫁吧。

曹操让丁夫人改嫁,可是丁夫人敢嫁吗？即便她敢嫁,谁又敢娶呢？不过，虽然丁夫人把丈夫给休了，但曹操一直没有忘记她，屡屡借卞夫人的名义邀请丁夫人返回王宫赴宴。卞夫人知道丈夫心中的想法，总是把与丈夫并排的嫡妻座位留给丁夫人。对于这一点，丁夫人回想起自己当初对卞夫人的不满，多少有点心存愧疚。她很和气地与卞夫人说话，但对旁边眼巴巴看着自己的曹操，却依旧是一副冷冰冰的面孔。

几年后，丁夫人在娘家静静地去世了，她走完了自己残缺而又离奇的一生。她的离世让曹操伤心不已，他再也没有赎罪的机会了。卞夫人体察丈夫的内心，主动请求亲自操办丁夫人的丧事。曹操从内心非常感激卞夫人，亲自为丁夫人选择了墓地，将她安葬在了许昌城南。丁夫人去了，曹操依然对她难以释怀。

公元220年，曹操走到了人生的尽头。临终前，他曾叹息说："我这一生最放不下的人就是丁夫人。对她始终未曾当真负心，可是做错了事却难以挽回以致决裂。假如人死后当真有灵魂，我在阴世里遇到昂儿，如果他问我：'我的母亲在哪里？'我该如何回答呢？！"

曹操无法回答，正因为无法回答，所以才无法释怀。在那个阴阳相隔的世界，曹操该如何回答曹昂要妈妈的事呢？——他只能把这个问题带到坟墓里去反思。

在曹操的后宫里，还有一位出身低微但很伟大的女人，这个人就是卞皇后。

在丁夫人与曹操离异后不久，曹府中的正室位置一直空着。在这种情况下，曹操就将卞氏扶立为正妻。也就是从这时起，卞氏才真正成为曹府中的第二任女主人。

这个宽厚仁爱的卞夫人，不但敬重丁夫人，对曹操的其他姬妾也都能够很友好地相处。这一点让拈花惹草的曹操很是放心。另外，让曹操对卞夫人更刮目相看的是，她还为曹操生下了文武双全的曹丕、武艺非凡的曹彰、文艺卓越的曹植，以及曹熊四个儿子。

能把倡家出身的卞夫人扶上正宫娘娘的宝座，曹操的确不是一个寻常男子。卞夫人也不是寻常女子。也许是自己出身低微，卞夫人没有太高的奢望。在成为曹操的正室之后，卞夫人仍然像以前一样与姬妾们和睦相处。个性遇上个性，让这对夫妻幸福无比。谁说青楼无好女？曹操后宫里的卞皇后与来莺儿就是两位很不一般的女子。

在那兵荒马乱的年月，曹操不少年幼的孩子生母都早逝了。这些孩子都是曹操的亲骨肉，但曹操常年在外打仗，其他妻妾眼中也容不下别的夫人所生的孩子。于是，抚养这些孩子的重任，曹操就交给了心胸宽阔的卞夫人。对于这些失去生母的幼儿，卞夫人像对待自己的亲生孩子一样尽心地去抚养。为此，曹操心存感激，对卞夫人的人品也很赞赏。因为后宫稳定了，他才可以全身心地投入自己一统天下的大业中。

后来，曹丕为魏王太子，很快就有近侍大臣向卞夫人报喜讯。谁知卞夫人听后竟然说："曹丕是长子，所以为嗣。而我作为母亲，能够在教导儿子方面没有过失就已经足够了。我们母子没有什么功劳，有什么值得祝贺的呢？"卞夫人的这一番话说得曹操非常欢喜，更加觉得卞夫人具有母仪天下的风范。曹操说："愤怒不变容态、喜悦不失礼节，这真是太难得了！"

其实，曹操的这句高度赞扬，已经为卞夫人称王后做好了铺垫。公元 219 年 7 月，也就是在卞夫人五十八岁这年，曹操颁布策书："夫人卞氏，抚养诸子，有母仪之德。今进位王后，太子诸侯陪位，群卿上寿，减国内死罪一等。"

曹操一生俭省节约，卞氏则夫唱妇随。作为曹操的正妻，虽然贵为王后，但她以身作则，依然保持着这些优良的传统。在卞夫人的带领下，曹魏的后宫朴素节俭成风。

据说，曹操有一次在外面得到了几副漂亮的耳环，高高兴兴地拿回王府去送给她的妻妾们。曹操最先来到王后卞氏这里，有意让她挑选一副最好的。可是卞王后的举动让曹操大吃一惊，她只拿了其中一副中等的。曹操就问她为什么这样做，卞氏说："如果我选最好的，那表明我非常贪心；如果我选最差的，就表明我是虚伪。所以我择其中者。"

曹操去世后，卞王后的长子曹丕登上了历史舞台。曹丕继承魏王位之后，封生母卞王后为魏王太后；接受刘协的帝位禅让后，追封父亲曹操为武皇帝、祖父曹嵩为太皇帝。倡家出身的卞氏，在她六十岁花甲之年，成为天下第一贵妇人——皇太后。

曹操这个人，只要是貌美女子他都喜欢。而且，一旦他喜欢起来还会爱屋及乌，连这女人前夫的儿子也一起喜欢。他对女人的占有，带有那个时代其他人所不具备的通达色彩。

对于曹操来说，把地位低下的倡伎提拔为王后这是理所当然，将有过前夫的尹夫人纳为姬妾，甚至替女人的前夫抚养儿子何晏，也是一位将军的风度。只要是美女帅哥，不管是哪的，他都往自己宫里收罗。

这位尹夫人，原本是东汉末代何太后的侄媳妇。自从丈夫死于董卓之乱后，便带着幼子何晏生活。虽然已为人母，但她的美貌仍令曹操着迷。于是，曹操便换着法子将其纳为妾室。曹操本想将随母进入曹家的何晏收为养子，但是何晏却不愿意，说什么也不愿意改何姓为曹姓。

曹操则爱屋及乌，也不与小孩子计较。何晏长大后，以相貌俊美闻名三国。曹操也许是舍不得肥水流入外人田的缘故，就把自己的女儿金乡公主嫁给了他。曹操的爱，可谓博大精深——爱江山，爱美女，也爱美男。

在曹操的后宫，虽然没人能准确地说出他有多少姬妾，但在中国历史上，论起“后宫”，比曹操的后宫或大或小的恐怕都有。不过，若论后宫女子，却没有几个比曹操的妻妾们更有个性。

丁夫人是一个史上绝无仅有的例子；卞宣武皇太后更是历史上唯一的个案；来莺儿，也是一位史上比较罕见的女人……其实，从某种意义上说，也只有像曹操这样的人，才会拥有这么丰富多彩的后宫。

39 救命恩人『虎痴』

“虎痴”是曹操贴身侍卫许褚的外号。听其名知其意——许褚不但像老虎一样凶猛，而且对曹操还像恋人一样“痴情”。这称号，也只有许褚才配享用。

如果许褚是刘备手下的人，那么，罗贯中肯定把许褚描写得比关羽还忠义。现实中，曹操爱死了赵云和关羽，当然在演义里更甚。其实曹操身边的许褚，论勇猛和忠义，绝不亚于刘备的关、张、赵，甚至有过之而无不及。最让曹操感动的是，许褚这个贴身保镖，曾三次救过他的命！

《三国志》和《三国演义》里都没有提到许褚的父母死后许褚是何种心情，但却提到了曹操死后，许褚痛哭吐血。

这是一种怎样的悲痛？就是曹操的父亲曹嵩去世，曹操也没有哭到吐血的地步啊。曹操与许褚之间究竟有着一段怎样的痴痴情缘？关于这两个人以及曹许两家的关系，史书《三国志·魏书·二李臧文吕许典二庞阎传》中有详细记载。

许褚是曹操的老乡，字仲康，谯国谯人（今安徽省亳州市人）也。也许许褚知道跟着曹操这个老乡干是有前途的，所以他自从跟上了曹操就从不做他想。他曾和典韦一同统帅着曹操的亲卫队“虎卫军”。

在许褚未进曹营之前，他曾拉着牛尾巴步行百余步吓走贼兵的故事，已经让其勇冠四乡八里。这事儿，曹操应该是听说过的。

据史料记载，许褚长得的确像一只猛虎，身高八尺多，腰大十围，容貌雄毅，勇力绝人。汝南流寇万余人攻打许褚的根据地，许褚就召集手下的年轻人和宗族数千家，筑起高墙防御，但还是寡不敌众。箭射完了，他便让人把浴盆大的石头放置在城壁四周，自己用飞石把大石打碎。敌人见之胆寒，不敢继续进攻，只好守在城外。

敌兵守在城外并不是许褚想要的结果，他是想让敌兵赶快滚蛋，能滚多远滚多远。凭借许褚这身板，就是吓也能把贼兵吓跑。

待城里的粮食差不多吃完时，许褚便假装与敌人议和，用牛和他们去换粮食。在所有能吃的家畜中，估计没有比牛更大的个头了。许褚拿牛去换，醉翁之意不在酒也。

粮食拿到手了，牛也给敌兵了。但是，谁喂的牛跟谁亲啊。敌兵就算能留住牛的心，但也留不住牛的身。牛自己逃了回来。

这就不能怪许褚了，这牛是它自己自愿回来的，与许褚没关系。不过，许褚如果想耍赖，完全可以任牛随便逃。敌兵如果有本事那就自己去追，没本事就任牛跟着许褚走。在这种情况下，许褚来到阵前，一只手拖住牛尾，拉着牛走了百余步，打算把牛给敌兵送过去。

许褚一只手拉着牛尾巴走了百余步，很显然这是走给敌兵看的。敌兵看到后大惊失色，也不敢再要牛了，一个个像狗一样夹着尾巴撤退了。

这一仗，不但巩固了许褚的地盘，而且还让他的威名响彻豫州大地。从此，淮、汝、陈、梁之地的民众和官兵，谁听到许褚之名都会吓得打哆嗦。

公元 197 年，曹操占领淮、汝，许褚遣众归顺曹操。看着眼前这个壮士，曹操高兴地拍拍许褚的肩膀说：“你就是我的樊哙也！”而且曹操还立马拜许褚为都尉，引入宿卫。

“宿卫”，那可不是谁都能被选中的。

在此之前，樊哙的名声，许褚恐怕也是略知一些的。至于曹操，竟然一见面就让许褚担任自己的贴身保镖，这实在是一种超乎寻常的信任和喜爱。他对于眼前这个高大魁梧的青年壮士一见钟情。两个陌生人一见面就情投意合，也许，在冥冥中真有一种缘分，一种超乎君臣的情分。

曹操这般器重，许褚怎会不珍惜呢？估计许褚也一定会有得遇明主的喜悦，甚至有一种“士为知己者死”的感动。

公元 198 年，曹操征讨张绣，以许褚为先锋，斩贼兵首级一万多。许褚的英勇曹操看得清清楚楚。曹操给了许褚这次机会，许褚也尽力施展，把自己的勇猛发挥得淋漓尽致。因此，许褚从都尉升至校尉，仅次于将军。

战场上的许褚如此，作为贴身侍卫的许褚呢？他对曹操的感情，不是一个痴就能定论的。

官渡大战之际，曹军和袁绍两军对峙。这时，曹操的近侍中有一个叫徐他的人，也不知是被袁绍收买了还是曹操哪点得罪了他，居然纠集一伙人谋划着要刺杀曹操。

要想刺杀曹操，白天无法靠近，几乎没机会下手。晚上曹操的宿卫许褚又总是伴随左右，还是无从下手。徐他急得差点跳墙，但也不得不等到许褚休息。

夜已经很深，曹操终于让许褚去休息了。可这个许褚，虽然与曹操没有一点儿的血缘关系，但却能预测到曹操的安危！

许褚离开后，徐他等人就怀揣利刃来刺杀曹操了。此时，许褚在家里忽然心神不宁，感觉到曹操会出事。凭着第六感觉，他又回来了，正好逮住徐他等人在曹操帐中。徐他见到许褚，大惊失色。许褚那锐利的眼神一眼就察觉到了情况的不妙，即刻斩杀了徐他等人。

即便是曹操的儿子，恐怕也不至于这么去护卫吧？岂止是贴身，简直可以称得上贴心！太贴心了！

这件事发生以后，曹操更加信任许褚，出入同行，不让他离开身边半步。在短短的三年里，许褚从曹操的身边走进了曹操的心灵深处。

当然，许褚也是个明白人。他也不是不知道，在当时的那个乱世，曹氏集团的实力可是数一数二的，跟着这样的董事长干，还是很有前途的。曹操不但经济、兵马等这些硬件条件可以，而且才识、智谋、爱才等软件条件也无人能比。

典韦死后，许褚接替了典韦的职位。这个曾被称为曹操手下第一勇将的许褚，在历经截杀徐他等刺客后，更加赢得了曹操的信任。据说，曹操把自己漂亮的妻妹许配给了许褚。

公元 211 年，许褚随曹操在潼关征讨韩遂、马超。曹军到了河边，曹操命令大部队先渡河，自己和许褚的近卫军百余人在南岸断后。不料此时马超率步骑万余人来劫杀曹操。马超军万箭齐发，断后的近卫军死伤惨重。

许褚当机立断劝曹操赶快过河，因为曹军大部队都已到河对岸，过了河就相对安全了。许褚扶着曹操上船，可是，怕死的近卫们顾不上曹操，争先恐后地向船上挤。许褚急了，挥刀砍伤不少近卫军。而后，左手举着马鞍为曹操挡箭，右手持桨划船，终于把曹操安全送到了对岸。

这一次，是许褚第二次为曹操捡回了一条性命。

后来，曹操与韩遂、马超等人和谈，左右皆不让随行，独带许褚一人。此次和谈，马超是想暗中杀了曹操的，说白了就是摆了一个鸿门宴。但是，许褚的大名他是听说过的，他还得先掂量一下。否则，不但杀不了曹操，自己则有可能被许褚给杀了。

曹操来了，身边只带着一个人。马超问曹操："曹公的虎侯在哪里？"曹操用手指了指许褚。许褚怒目视之，马超不敢动。

是啊，看许褚这势头，如果动了曹操一根毫毛，估计他马超的脑袋也得搬家。许褚不仅是一员不可多得的虎将，更是一位极佳的宿卫人选。

连马超都称许褚为虎侯，这"虎痴"之名不愁妇孺皆知也。后来，虎侯之名真的为天下人所称道，甚至有人认为，许褚是姓虎名侯。

这一次，应该说是许褚第三次救了曹操的性命。有许褚在身边，曹操的生命就没有危险。

许褚虽为猛将，可他与同为地方豪杰的李典、李通一样，很有政治头脑，知道身为臣下的各种注意事项，平时言行也非常谨慎。

有一次，曹仁从荆州赶来入朝觐见曹操，在殿外遇见了许褚。曹仁本想趁机与许褚拉拉家常、套套近乎，可没想到许褚拿一句"魏王快出来了"拒绝了曹仁的邀请。为此，曹仁在心里对许褚很有成见。身为曹氏宗族，许褚竟然这么不给他面子。

后来，有人曾私下悄悄问许褚，人家曹仁可是宗室重臣啊，他屈尊找你说话，你怎么还敢推辞啊？

许褚说，曹仁将军虽是亲族重臣，但却是镇守外藩之将。而我是负责内部守备的，我们要是说话在公开场所就行了，何必到私下去说呢？这要是让曹公看见了，他会作何感想呢？曹仁这样做不是让曹公怀疑我许褚有二心吗？后来，曹操也知道了这件事。可想而知，曹操对这个处处为自己考虑且对自己绝无二心的“虎痴”该是何等地宠爱。

赤壁一战失败后，数许褚哭得最痛，在现实中是，在演义里也是。曹操为逗他一笑，竟然一再安慰。许褚杀了貂蝉（貂蝉本是想自杀，许褚误以为貂蝉要杀曹操）。曹操本来说要罚他三十军棍的，结果还没等他走出门，曹操就说，罢了！免了！他为了维护曹操的名声，杀了曾为官渡立下大功的许攸。结果曹操仅仅厚葬许攸，深责许褚而已。

曹操逝世后，许褚竟然痛哭吐血。曹丕称帝，许褚总督中军禁兵，继续负责曹丕的警卫工作。

曹睿即位后，继续对许褚及其子封侯封爵。许褚病死后，曹睿因思念许褚忠心，又封了他两个子孙为关内侯。许褚能让曹操的儿子和孙子也思念到这个份上，绝不仅仅是一个“忠”字所能概括的情感。

曹操爱许褚，从相识爱到相知，从相知爱到永别。

曹魏爱许褚，从曹操爱到曹丕，从曹丕爱到曹睿。

许褚护曹魏，从曹操护到曹丕，从历史护到小说。

许褚家封侯，从自个封到儿子，从儿子封到孙子。

曹许这两家，估计这缘分上辈子就修好了。否则，他们也不会缠缠绵绵好几世啊。

40 穿越国度的爱恋

俗话说，英雄爱江山更爱美人。可是曹操，他不但爱美人，还爱才子和帅哥。他不但爱魏国的青年才俊，还爱敌国的豪杰志士。他对人才的这种爱，是一种不分国度、性别，乃至家庭出身的爱。这种爱，是一个乱世和治世英雄的个性使然。

在历史上，史书记载关羽和曹操有过一段时间的深入交往。曹操对关羽可谓是三日一小宴、五日一大宴，就连自己的赤兔马也送给了他。尽管如此，曹操还是没能留住关羽的心。

史书中记载赵云与曹操并未谋面。但在演义里，就是那片刻的亲眼目睹，让曹操爱死了那个抱着刘备幼子冲出敌军重重包围的赵子龙。

当年，曹操在得知刘备和其手下关羽忠勇双全时，就想千方设百计去拉拢关羽。软的不行来硬的，硬的不行来横的。等把关羽俘虏到手后，曹操就用高薪要职、金银财宝、美酒美女，来试图留住关羽的心。连曹丕都不舍得给的赤兔马，他给了关羽。

曹操为了了解关羽有没有久留的心思，特地派关羽的好友张辽试探。关羽对张辽叹息道："我知道曹公对我的厚爱，但我受刘备将军的厚恩，发誓共死，不可背弃。我终不会留下，在为曹公立下功劳后便会离去。"

张辽向曹操汇报后，曹操不但不为难关羽反而加重赏赐。关羽为曹操斩杀颜良之后，还是走了。曹操很伤心。他的手下，想去追杀，却被曹操拦住了。曹操的理由很"君子"——毕竟是各为其主嘛。

曹操对关羽的爱，是一种设身处地为他人考虑的爱，是一种对他人的冲天义举敬佩至极的爱。哪怕这义举对自己的利益构成了威胁，曹操也没有一点怨恨，依然深爱着关羽。他不是爱自己的那一点"小利"，而是爱关羽的那一种"大义"。

曹操对关羽爱得死去活来，对刘备手下的又一猛将赵云也是如此。当年连刘备都不要自己的妻子和儿女了，赵子龙竟然不顾个人安危，孤身冲进曹军中，七进七出，满身是血，最后杀出重围，救出了刘备的"传家宝"——刘阿斗。

这样的下属，有谁能做到呢？诸葛亮、张飞等几员大将，不是也与刘备一起逃走了吗？别说是刘备，就是换成其他任何一位君主，恐怕也会爱死这个绝世无双的子龙啊！曹操对赵云的这种倾城倾国之恋，想必不但刘备能理解，孙权也能理解。

虽然说刘备是爱赵云的，但曹操则是更爱赵云的，甚至还胜刘备三分。当子龙随刘备、诸葛亮等人一起走进《三国演义》，从此，他在民间的英勇形象也流传开来，而随之一起流传更广的则是曹操。

随着电视剧《三国演义》的上演，赵云的形象在舞台上进一步具体化。2010年，新版《三国演义》上演后，随着曹操一句“我爱死他了”，赵子龙那无比可爱、可人、可敬、可叹的形象，再一次低调地让全世界人都知道了。至于赵子龙被曹操“爱死”的事，那就更不必说了。

曹操对关羽还没有高呼过——“我爱死他了”呢！但却对赵云说了，虽然是导演让他说的，但他的心里又何尝不是这样想的呢？你看曹操看赵云在曹营中冲杀时那眼神，他一直紧紧地盯着赵云，赵云的身影牵着曹操的视线，片刻也不舍得移开。

那一刻，虽然他的将士惨遭赵云打杀，但他的心中却一直想着赵云。他告诉部下他要活的赵云。部下只有提醒这个已经坠入情网，或者说处于热恋中的君主——“丞相，你忘了关羽了？”

曹操傻笑：“哦，说得对！我又忘情了！”

忘情更痴情的曹操，对异国关羽和赵云的这种爱，是一种大英雄所特有的博爱、大爱。虽然曹操出身很尴尬，但他的思想观念是超前的。狭隘的妒忌之心、腐朽的门阀制度约束不了他那龙腾虎跃般的思维。这一点，是刘备不得不佩服的。

三国之中，只有曹操是对门阀制度最不感冒的，更是对国别，甚至敌我也是最不敏感的。前脚刚被周瑜打得惨败，后脚就派周瑜好友蒋干过江去挖周瑜了。

估计，在赤壁惨败甚至险些丢了小命的那一刻，曹操算是彻底知晓了周瑜这小子的厉害。连周瑜都想着挖，曹操究竟是太自不量力了，还是太求才心切了呢？

老总爱员工没有错，你连别人那才华横溢的员工也爱着，这也没有错。可是，面对有缘无分的“缘分”，谁都没办法啊。

不过，看看曹操跨越国度爱死的这些人，似乎都有一个共同的特点——他们都是人中极品！

万人敌的关羽将军，为了一句“誓同生死”的誓言，甘愿放弃曹操赠送的一切荣华富贵、高官厚爵，宁愿穿着自己的破烂衣服去跟着结义兄弟刘备打天下。这不是苦不苦的问题，而是义不义的问题。这样的忠义之士，又有着万人敌的威名，怎么会不让曹操感动得一塌糊涂呢？

再说常山真定好男儿赵子龙，不管论志向还是论忠义，不管论智谋还是论武艺，不管论人品还是论才能，不管论对刘备的贡献还是论对蜀国的贡献，蜀国中没几个能与之匹敌。从他择定贤主、千难万险追随不改可见其忠贞。他作战英勇，每每身先士卒。最难得的是他有大赏又不独自享受，而是分给诸军。

还有那赤壁一把火把曹操烧冷静的周瑜，他与孙策升堂拜母，孙策死后他又成为孙策的托孤之人。孙权继承父兄基业，周瑜几乎当起了孙权的“百科辞典”和“守护神”。孙权每每在大事不决之时，总会问周瑜该如何做。尽管如此，周瑜还是心甘情愿地在东吴当他的“穷都督”，任凭蒋干如何摇动他的三寸不烂之舌，就是说不动他去投奔曹操。

曹操爱蜀国的关羽和赵云，与爱吴国的周瑜一样，都是一种从心到肝、从我到敌、从古到今的爱恋。如今一千八百多年过去了，在这片曾经从三国走过来的土地上，如果把曹操穿越时空拉到21世纪的今天，不管在行政还是企事业单位，恐怕他都是一位很了不起的“国王”。

曹操对人才的爱，是一种跨越出身、跨越国度、跨越性别的大爱！他的这种爱，属下好多出身低微的大人物能读懂，异国的关羽、赵云、周瑜也能读懂，蔡文姬更能读懂。那所有看过《三国志》和《三国演义》的人呢？我们也懂。

41

最出色的学生

在曹操所有的“学生”中，司马懿应该说是最出色的一个，为什么呢？晋代魏就是最有力的证据。如果司马懿的能力不行，不善于“学习”，怎么也不会把曹操写的“代汉剧本”，再一模一样地导演一遍。

在三国中，这是一个最有看点的人物。他曾是辅佐了魏国三代的托孤辅政重臣，后期成为全权掌控魏国朝政的权臣。但是，他却像他的主子曹操一样不当皇帝……这一招绝的，除了曹操估计没人教他……

司马懿出生于公元179年，死于公元251年。起初他的职务是上计椽，即代表地方太守、国相向朝廷申报地方治理情况。

上计椽这个官说大不大，说小不小，但司马懿却干得非常出色。他的出色引起了正在任司空

（位次三公，与司马、司寇、司士、司徒并称五官，主管礼仪、德化、祭祀等）的曹操的关注。于是，曹操立即派人去征召司马懿到府中任职。

但司马懿不甩曹操。他以自己患有风痹病，身体不能起居为由，拒绝了曹操的征召。曹操不信，为什么你司马懿任上计椽时干得那么出色，到我请你出山你就病了呢？

曹操派人夜间去刺探消息。司马懿躺在床上一动不动，还真像染上了风痹病似的。就这样暂时躲过了一劫。但是，尽管曹操这一次放过了司马懿，并不代表他永远放过了司马懿……

公元208年，曹操任丞相以后，派使者再去征召，还特地对使者说，“若复盘桓，便收之。”司马懿害怕了，只得就职，而后辟司马懿为文学椽。

这苍天就是太不公平了，许多人愁着找不到工作干，却有人怎么也辞不掉工作，最后不得不被逼着去工作。

经过几番折腾，司马懿终于来到了曹操的手下。找不到工作的滋味不好受，可这被逼着去工作的滋味更不好受，因为还有人暗地里在背后偷偷提防着你呢。

曹操是什么人啊？司马懿是什么人啊？对于这层关系，司马懿当然很清楚，处不好就有被杀头的危险，他当然知道自己该怎么做。

初来乍到的司马懿，就像一个小学生似的，处处谦虚谨慎，少说话多办事，一切从零学起。曹操让干什么就干什么，该装木偶的时候装木偶，该装智者的时候装智者；该装聋子的时候装聋子，该装哑巴的时候装哑巴；该装孙子的时候装孙子。总之，就是不能装老子，除非是自己想死的时候。当然，装个与世无争的道家始祖“老子”，这样最好……

司马懿在曹操手下，不管是工作还是学习，不管是拿工资还是交学费，不管是工作出色还是工作差劲，不管是成绩好还是成绩坏，不管是升迁还是降职，不管是升级还是退级……都不能太计较。只能在内心里自个儿跟自个儿“计较”，表面上还不能表现出来，特别是不能让曹操或者曹操的心腹发现。

曹操心里明白，司马懿进曹营是被迫无奈，并非自愿。那么可以想象，司马懿在曹营里活得是多么的不舒坦……可是，这样的一个人物，怎会甘心过这种憋屈的日子？

肯定不！但是，以曹魏目前的形势，以曹操现在的威风，司马懿也只有学聪明一点，一点点等待自己出人头地的时候。

曹操手下的门阀官僚拥汉者尚多，这些人为曹操所深忌，而荀彧、崔琰等人都因对曹氏代汉有异议而结局不好。

这一切，司马懿看在眼里记在心里。在站队这个关键问题上，他早就表示支持曹操了。正因为这样，才稍稍打消了一点曹操对他的提防。曹操进封魏王后，升司马懿为太子中庶子，辅助曹丕。

太子，是曹魏下一代的继承人。学着与他搞好关系，这比什么都重要。曹丕在与他弟弟曹植争夺太子之位的过程中，司马懿立下了汗马功劳。这是他做得最聪明的事。

公元220年正月，曹操去世，朝野危惧，司马懿管理丧葬诸事，内外肃然。10月，曹丕在司马懿的精密策划下登上皇帝的宝座。

曹丕从父亲去天宫到自己来皇宫，从朝野危惧到内外肃然，从新魏王到魏文帝，这一切功劳都是司马懿的。父亲的学生变成了自己的老师，曹魏越来越离不开司马懿了。

这个司马懿，虽然没有看见曹魏末代皇帝曹奂是如何把帝位“禅让”给其孙子司马炎的，但他可是亲眼目睹了汉献帝刘协是如何把帝位“禅让”给曹丕的。而且，他还是为曹丕的登基立了大功的人。

曹丕这一篡，让司马懿也积累了极其丰富的“改朝换代经验”。

从公元222年到公元225年，曹丕几次伐吴都是留司马懿镇守许昌。据《晋书·宣帝纪》载，后曹丕由广陵回师洛阳，又下诏对司马懿说：“吾东，抚军当总西事；吾西，抚军当总东事。”于是，司马懿又被留下镇守许昌。许昌，那可是曹操的根据地啊，虽然曹丕当上皇帝后迁都洛阳了，但“家”中怎么不留个姓曹的大将看家呢？

不过这样也好，一来说明曹丕对司马懿放心，二来说明司马懿让曹丕放心。

史书又载，公元226年5月，曹丕在临终前以司马懿、曹真、陈群为辅政大臣，并对太子曹睿说：“有间此三公者，慎勿疑之。”司马懿在曹丕这一代是插手不成摄政王的事务了，但是，不怕，还有希望——赢得曹丕的超常信任，成为曹丕的托孤重臣！

在这个乱世，如果你是英雄，你就不要怕自己会出不来。就连曹操这宦官之后都可以玩弄汉末天子于股掌之中。那么，世族大家出身、文武双全的司马懿怕什么呢？

曹丕放心地去了，司马懿也放心地干着。

魏明帝曹睿这一代，司马懿忍常人所不能忍，在曹真和曹休等曹氏亲贵的排挤下，依然老老实实地做着自己的魏臣，直至做到曹睿一命呜呼走进土里。

公元239年正月，司马懿与曹爽接受魏明帝曹睿遗诏一起辅佐少主曹芳。可曹爽想把司马懿架空，于是就向皇帝曹芳建言，把司马懿放在没有实权的太傅位置上。对于司马懿来说，这一切都无所谓，我装病，你曹爽自己折腾去吧！

齐王曹芳即位后，初期凡事皆与司马懿商议，曹爽不敢专行。但曹爽凭借官高权重广置田产、窃取宫中禁物；妻妾成群，玩弄先帝嫔妃；车服拟于皇帝。胡作非为，难以列全。司马懿屡劝不止。后来曹爽还一意孤行地去出兵伐蜀，结果空忙活一场，劳民伤财，军马死伤惨重。

曹爽给司马懿留下了一个笑柄，心中闷闷不乐。

对于一位政治家来说，如果说孔子的“有为而治”是可用的。那么，老子的“无为而治”则是可敬的。曹操的积极进取属于前者，司马懿伪装生病，不问政事，适时退出则是后者。

在司马懿装病期间，欲望膨胀至极的曹爽还傻傻地前去试探。但司马懿是千年的狐狸啊，既然装了，还会让你发现破绽吗？

侦探李胜回来汇报了情况，从此曹爽等人便不再防备司马懿。司马懿则趁机开始暗中布置，等待时机。

十年磨一剑，这一剑何时挥呢？

公元249年春，魏帝曹芳离开洛阳，去祭扫魏明帝的坟墓高平陵，曹爽兄弟皆随行。时机终于到了，司马懿率其兵马，关闭各城门发动政变。上疏罗列曹爽种种乱法与不臣之状，假皇太后令，免曹爽兄弟全部官职。最终，曹爽兄弟及党羽全部被处决，并夷三族。这就是历史上著名的“高平陵政变”。

其实，站在司马懿的角度说，平定曹爽乱政是挽救曹魏政权，信守托孤承诺，维护曹芳的皇位，并不是单纯为了司马集团的私利。至少，司马懿表面上让我们看到的是这些。

就像曹操辛辛苦苦地养着汉末天子刘协，自始至终也没有篡位一样。而司马懿也是想让世人看到，他一生鞠躬尽瘁、死而后已辅助曹魏三代主子托孤的功劳。可是，司马家族取代曹氏家族那一天，老师曹操和学生司马懿想必都会预料到……

一个最大的绊脚石曹爽死了,但司马氏前面的道路并没有彻底扫清。后来，兖州刺史令狐愚和太尉王凌见皇帝孱弱，强臣专权，谋立楚王曹彪。司马懿知其阴谋，反而下赦书赦免王凌之罪，又写信安慰他。但不久即派大军围剿，王凌自知势穷，服毒而死。

司马懿进军寿春王凌，参与王凌之谋的人都出来自首。但最终结果依然是凡牵连在内的一律诛灭三族。最后，司马懿把楚王曹彪也给杀了。并且把魏之王公全部拘捕，放置邺城，命有司监察，不准他们互相交结往来。

曹魏宗室势力就这样气息奄奄，曹爽与王陵两个欲篡权夺位的人都被司马懿诛灭三族。司马懿即使有一天告别政治舞台，也要像他的老师曹操一样——为儿孙的“顺其自然”当皇帝扫清障碍，并为前朝末代皇帝的“禅让”奠定坚实的基础。

从帮助魏国奠基人曹操打天下到帮助魏国开国皇帝曹丕登基，从接受曹丕托孤再到接受曹睿托孤，司马懿这一生真可谓比诸葛亮还鞠躬尽瘁!

从公元226年8月孙权出兵攻魏到公元227年诸葛亮上书北伐，从公元234年诸葛亮六出祁山后病逝于五丈原到公元251年7月司马懿亡，司马懿多次成功镇守许昌或伐吴，并亲率大军成功对抗诸葛亮的北伐。可是，这位功高盖主的司马懿，他得到的又是什么呢?

一次次赏给他的竟然是连老师曹操都知道辞让的虚假玩意儿——封土。曹魏的宗室还处处防着你，用到你打仗时提上来，用不到时退下去。

你说他怎么不“装病”？怎么会不让死诸葛吓走活仲达呢?

要知道，曹操当时之所以有那么大的爆发力，也是因为活得很憋屈啊！被人骂作“阉人之后”，由于矮小丑陋，还经常被袁绍这样的四世三公欺负。他曹操也是一个具有雄心壮志的人，而且他还胸怀天下啊。

曹操怎么不踏上“变心板”，站在司马懿的角度想一下呢？曹操这么深谋远虑，怎么就没有虑到司马懿这个最出色最会学习的学生在曹魏手下“九死重生”后，以其人之道还治其人之身——“西晋代魏”这一步呢？

42 『九品中正』歪也

提起三国，陈群是一个怎么都无法避开的人物。公元220年，不管对于曹操、曹丕，还是对于曹魏来说，都是极其关键的一年。这一年，在新主与旧主交替之际，魏吏部尚书陈群为曹魏政权量身定做了一个最得体的政治体制——九品中正制。

这位九品中正制的创始人，究竟是何许人也？

——陈群，郭嘉、荀彧、荀攸的老乡，又一个河南许昌禹州人。陈群出生于公元165年，卒于公元237年，早年被刘备辟为豫州别驾，后举茂（秀）才，除柘（今河南柘城县）令。但陈群并没有去就职，而是随父亲一起到徐州避难了。公元198年，曹操入主徐州，二人相识，并成为上下级的同事关系。

跟着曹操混有前途。曹操封魏公，陈群也一

起跟着升，从御史中丞升到吏部尚书，还被封为昌武亭侯。跟着曹丕混其实更有前途。公元 225 年，陈群任镇军大将军，领中护军，录尚书事，总揽朝政。曹丕驾崩后，陈群受遗诏辅政，任司空，录尚书事，晋封颍阴侯，增邑五百户。公元 237 年病逝，谥靖侯。历仕曹操、曹丕、曹睿三朝的陈群，以其突出的治世之才为曹魏政权立下了汗马功劳。

在朝中，陈群对人没有厚薄之分，他很正直，从不会因为讨好谁而去违背道义。郭嘉在世时，陈群以郭嘉为人不知行检，曾数次向曹操告状。郭嘉毫不在意：告吧，随你便，反正曹公喜欢我。再说了，我又没伤到别人的利益。曹操没办法，郭嘉与陈群这两个人，一个个性率真，一个秉持公正，都是他很喜欢的重臣。于是，曹操只能睁一只眼闭一只眼。

陈群这个人，心眼儿也很好，爱交朋友。当时的好多大名士与他的关系都比较亲近，包括司马懿。甚至连曹魏下一任的接班人曹丕都很敬重他，并愿意与他成为忘年交。

作为曹魏三朝元老，陈群不仅与曹操有缘，与曹丕也有缘。当然，历任曹魏四朝的司马懿也是。司马懿用他非凡的政治手腕把曹丕送上了皇帝的宝座，陈群用他的“九品中正制”让曹丕坐稳了皇帝的宝座。这两个人，一个玩政治有一套，一个玩制度有一手。

司马懿的政治手腕这里就不说了，而陈群的九品中正制，是一种什么样的选官制度呢？

它是通过选择“贤有识鉴”的中央官吏兼任原籍地的州、郡、县的大小中正官，来负责察访本州、郡、县散处在各地的士人，综合德才、门第定出“品”和“状”，供吏部选官参考，用来选拔官员的一种制度。

从史料记载来看，这个本是沿着曹操的“唯才是举”的选人用人方针而制定的官员选拔制度，并不是很合理。而且，在后期具体执行实施的过程中，甚至可以说远远偏离了曹操唯才是举的方针。为什么这么说？我们还是看看这一制度中“品”与“状”的关系，以及它品评和选拔官员的原则。

所谓的“品”，就是指综合士人德才、门第（家世官位高低）所评定的等级，它共分为上上、上中、上下、中上、中中、中下、下上、下中、下下九品，但类别却只有上品、中品和下品（二品至三品为上品；一品为虚设，无人能达到；四品至五品为中品；六至九品为下品）三类。所谓“状”，乃是中正官对士人德才的评语。

在九品中正制创立之初，其评议人物的标准一般是门第、道德、才能三者并重。但由于魏晋时期充当推举人才的中正官一般是二品官员，而二品官员又几乎全是门阀士族。所以，完全把持了官吏选拔权的中正官，在对选拔官员定品的过程中，才德标准逐渐被忽视，门第则越来越重视，甚至成为唯一的标准。

从汉代的察举制到魏晋南北朝时期的九品中正制，继而再到隋朝至清光绪年间的科举制，我国选拔官吏的制度共经历了三个阶段。九品中正制上承两汉察举制（由地方长官在辖区内随时考察、选取人才并推荐给上级或中央，经过试用考核再任命官职），下启隋唐科举制，在中国古代政治制度史上占有着十分重要的地位。但是，它与通过考试采用分科取士选拔官吏的科举制相比太有失公平。

从公元220年曹操去世那年诞生，到公元605年隋朝科举制的出现，九品中正制共存活了三百多年，也是科举制寿命的零头，差不多相当于一个大汉王朝的年龄。在这三百多年间，九品中正制是否被真真正正地得以贯彻落实了呢？

根据史料《三国志·魏书·陈群传》记载，九品中正制建立的具体时间是在曹丕未篡汉时，也即公元220年2月，这年的3月15日曹操去世。由此可见，陈群在制定九品中正制时应该是与曹操商议过的。而且切实尝到了“唯才是举”甜头儿的曹操，也应该非常支持陈群的这一伟大创举。

当年曹操在世时，就曾三次发布“求贤令”，他所求贤的方式，算得上不拘一格降人才！不管你仁义与否，也不管你是否孝顺，只要你具有治国安邦和领兵打仗之才，就一定聘用你。

曹操的这一做法，尽管对当时强调德治和仁孝的儒家思想是一次大的冲击，但是，这一指导思想的转变的确给曹魏带来了“猛将如云，谋臣如雨”的盛况。

其实，从某种意义上说，九品中正制的“早期实践者”是曹操；或者也可以说，在曹操手中，九品中正制才得到了真正的实施。

这一不成制度的官员选拔“制度”，不但改变了东汉以来由门阀士族主持乡闾评议和控制选举之局面，而且更重要的是，为建立新的选举制度创造了条件，打下了扎实的根基。曹操和陈群、两汉的察举制、曹操的“唯才是举”方针，应该说，都是九品中正制的“始祖”。

后来，曹操死，曹丕称帝，为了争取世家大族对曹丕代汉称帝的支持，缓和中央政府与世家大族的矛盾，曹丕采纳了陈群的九品中正制。这九品中正制，其实不仅是对东汉后期名士品评人物的制度化，也是对曹操“唯才是举”方针的制度化。

可以说，这一制度是为适应曹魏初期的政治特点而产生的。当然，它多多少少也会沿袭一些东汉乡里评议的长处。在设立之初，除了照顾世家大族的利益外，的确也包含了“唯才是举”的精神。

可是东汉末年，代表中央政权的曹操为了他的天下，采取了不少压制豪族名门浮华风气的举动，特别是他在选官制度改革问题上的“唯才是举”措施。

曹操是宦官之后，不少名士瞧不起他，就与曹魏政权对抗。曹操死后，曹丕各方面的驾驭能力都不及他父亲。为了登上皇帝的宝座，建立统一的中央集权政府，他必须依靠地方名士——因为他们在乡里有较高的声望。所以，完全废除乡里评议也是不可能的。

在这种形势下，曹魏政权所能做的只能是把清议纳入政权轨道，使名士与其合作，二者和谐共处，即设置由中央委任的中正官去掌握地方选举。世族渗透进选举，中央政权和世族势力在选拔人才问题上的矛盾开始缓和。曹丕的龙椅也就这样坐稳了。

可见，这种选举用人制既是对汉代选官传统的延续和发展，也是对曹操用人政策的继承。但后来的实施，和曹操的唯才是举思想却是南辕北辙。

从某种角度上说，九品中正制实际上也就是魏文帝曹丕为了拉拢士族支持他代汉称帝而向其妥协的交易品，或者说是他当皇帝的代价。曹丕虽然“开创”了大魏之国，但也“葬送”了父亲的政治路线。

起初，这一制度本是致力于解决朝廷选官和乡里清议统一问题的。但是，到了魏晋交替之际，大小中正官均被各个州郡的“著姓士族”所垄断。这些人在评定品级时偏袒士族人物，甚至可以说，这些中正官纯粹就是“计资定品”，远远背离了德才与门第并重的原则。

在这一制度的背后，中正品第虽有九等，然其类别却只有上品与下品。由于这种门阀制度的形成以及士庶等级界限的严格区分，上品与下品同社会等级制度也就结合得愈来愈紧密，其间的差别也日益明显，当然这也几乎成了辨别士庶分野的界标。

“上品无寒门，下品无士族”，这一门阀士族垄断政权的局面在官场持续了二三百年。在这二三百年间，时间改变了一切，也改变了九品中正制，使它在实施的过程中彻底蜕变成了一个政治上的装饰品。

纵观东汉、魏晋南北朝以至隋唐官吏选举制度的变化，我们不难发现，这其中显然贯穿着皇权“由盛而衰再盛”的发展趋势。而世家大族的命运则相反，他们随汉末的夕阳一起走向衰落。在魏晋时期成为士族，到了东晋时期，门阀士族达到顶峰，最后从南朝一直衰到隋唐，直至死亡。

公元234年，陈群的生命终结；公元265年，曹魏的生命画上句号；公元420年，晋朝被南北朝代替……而九品中正制和它的士族依然“生机勃勃”地活着。

三百多年过去后，当隋唐的士族走向没落，九品中正制才彻底消失了。历史则深深记住了“九品中正制”和创始人“陈群”的名字。其实，这个制度的实践者曹操又何尝不是九品中正制真正的创始人呢？

如果九品中正制沿着曹操“唯才是举”的方针和察举制的一些优秀传统走下去，恐怕不至于在实施的过程中被严重扭曲。可是，曹丕不是曹操，陈群这位制度的制定者毕竟也不是制度的贯彻落实者，一个人的力量左右不了自然和历史的趋势。曹操和陈群是伟大的，可惜伟大的成果被“士”风刮歪了……

43 问三国谁是英雄

《三国志》拥曹反刘，《三国演义》拥刘反曹。所以刘备与曹操的形象，在戏里与戏外是有很大出入的。但不管在现实中还是在演义里，刘备与曹操都是三国中可以称得上极品英雄的人物。

刘备的哭哭啼啼和曹操的哈哈大笑，是演义里一道很好玩的风景。在戏中，人人都说，刘备的江山是哭出来的。其弦外之音就是说曹操的江山是笑出来的。在戏外，连几岁的小孩儿都知道——不管是刘备的江山还是曹操的江山，都是他们辛辛苦苦打出来的。

曹操说，天底下只有他和刘备才称得上英雄。其实，三国之所以精彩，主要就精彩在曹操和刘备身上。他们一出生就是一部戏，而且，这部戏比罗贯中刻意构思的《三国演义》更有看头儿。

曹操，本是宦官之后，虽然志向远大，但出身很尴尬。况且，他长得又矮又丑，小时候还经常领着一帮小混混偷鸡摸狗，坏事干绝。这一切，让人对曹操的印象总好不到哪里去。

刘备，虽然是西汉中山靖王刘胜之后，但十七八代之后，他与刘胜的关系，恐怕也轻如风、淡如影了。又加上刘备早年丧父，只能与母亲以贩履织席为业。

这两个人，以这样的境况，最后却能够三分天下有其一！三国中，从综合条件来说，还有比这起步更低、止步更高的人物吗?

在演义里，作者把刘备塑造成为一位仁慈爱民、礼贤下士、知人善任的仁人志士，把刘备“仁”的一面扩大化；把曹操塑造成一位奸诈无比的奸雄形象，把其“奸”的一面扩大化。这虽然与现实有不少出入，但毕竟也是按照《三国志》的母本来展开演义的。但不管怎么，都丝毫没有抹掉他们雄的一面。

乱世出英雄！在中国历史上,应该说几乎没有比三国更乱的乱世了。但是，还得感谢这个乱世。如果不是这一把龙椅失控，怎会有曹操、刘备这样的英雄闪烁于历史的长河，并让中国帝王史这般奇丽、精彩呢?

我们先看看乱世英雄刘备。蜀汉，确实是中国历史上一个最奇特的政权队伍。但是与曹操相比，刘备抢得的这一方天地，虽然是天府之国，但还是不如中原。不过，好在刘备和诸葛亮把它经营得也不错。

在演义里，如果不是刘备姓刘，他没有多少可以与曹操、孙权争夺天下的优势。整天哭哭啼啼，一遇到关乎仁义的事就头疼，一切皆由军师做主。其实，在现实中，从刘备的一些喜好来看，他是一个典型的草莽英雄形象。《三国志·先祖传》载，“先主不甚乐读书，喜狗马、音乐、美衣服……好交结豪侠，年少争附之。”

汉末大乱之际，刘备从贩履织席脱身，在涿县组织起了一支义勇军。这个时候，关羽与张飞也同在其中，三人情同兄弟。刘备与曹操一样，因参与镇压黄巾军有功而登上了政治舞台。

而后，刘备就是经常打仗，打得过人家就打，打不过就投奔或逃跑；今天投奔这个，明天投奔那个。最早投靠公孙瓒，在得到公孙瓒大将赵云后把老同学给甩了；后率领一两千老弱残兵营救陶谦，结果陶谦临终托孤把徐州托付给了他；在被吕布打得无路可走之际，又去投靠曹操。在曹操的地盘上，他还参与国舅董承和汉献帝策划的衣带诏，差一点把曹操给杀了，最终和曹操结下不共戴天之仇；刘备投靠袁绍，关羽斩了颜良之后刘备借故开溜；刘备投靠刘表，诸葛亮把刘琦拉到刘备这边，刘琦死了，刘备落了个荆州牧；刘备与孙权联盟抗曹，周瑜赶走了曹操，结果刘备连抢带借尽得荆州数郡。

刘备，真是一个天下“怪才”也！

东吴招亲，面对周瑜和孙权的阴谋，诸葛亮劝刘备勿往，刘备却丝毫不在乎。在刘备看来，不入虎穴，焉得虎子？但罗贯中却在《三国演义》中将此事改为诸葛亮劝刘备前往。这一改，把刘备的草莽英雄气概也改掉了。如果不是刘备敢打、敢闯、敢拼、敢干，能躲、能藏、能屈、能伸，试想，他能够得到这三分之一的天下吗？

如果从古代帝王的一些共同点来看刘备，实在有些对不上号。帝王们向来是卧榻之侧不容他人酣睡，而刘备却待人坦诚到令人无法相信的地步——刺客到了客厅他却坦诚相见，还说此人与诸葛亮不相上下，就差大摆筵席请人家吃一顿了。曹操梦中还杀人呢，刘备则与关张二弟“寝则同床”，与赵云“同床眠卧”……也难怪，这些人都心甘情愿地铁了心要跟着刘备打天下。

在做皇帝不久后，为了给自己的二弟报仇，刘备就急不可耐地亲自率兵去打一场群臣皆反对的战役……在中国历代皇帝中，这简直是一个另类得不能再另类的皇帝。

也只有像刘备这样的帝王，才会有诸葛亮、关羽、张飞、赵云这样的人物闪耀于历史的长河，并将自己的才干发挥得淋漓尽致。同时，也正是因为有了这坚韧无比的“刘备”，三国另一英雄曹操才具有非凡的爆发力，才能够将英雄气概直插云霄。

在三国，老二东吴不是老大曹操的对手，老三刘备更不是。但是，老二若与老三“联合”就不一样了。可恰恰正是老三刘备与老二孙权的这种面和心不和的真实假象，再加上曹操家庭和自身条件的尴尬，以及小时候所受的鄙视，让曹操的潜力几乎是全部浮出了水面，一下子激发到了顶点。

曹操的目标是“天下”，所以，他走的每一步都是朝着天下的目标推进。

小时候，他这个小混混和泼皮无赖的名气不好，他就主动去接近名士，并想千方百计赢得他们的好评。

初入政坛，他就干了几件轰动洛阳城的大事。名气再一步扩大，而后又去撤活人的职，拆死人的庙，动动皇帝老祖先的祠庙。

董卓进京，天下大乱开始。盟主袁绍和各路诸侯都按兵不动，他却孤军奋战，以至于人马俱伤，狼狈逃走。但他并未就此罢休，回到诸军阵前，仍然豪气冲天，一面责让众军，一面出谋划策。

在汉末天子最失魂落魄的时候，他不远千里，前去挟走并供奉起来，并玩弄于股掌之中。这一招，还真的让天下各诸侯敬三分、畏三分、恨三分。

官渡大捷，他基本统一北方。待袁氏残余被赶尽杀绝，他竟然于凯旋归途中在马背上舞蹈。

曹操被封魏王后，天子与他魏王可以说基本上来个天翻地覆。天子也要敬他三分、畏他六分，什么事都得看着他的脸色和表情说话……

如果说天下大乱对许多人都是生不逢时的话，那么，对曹操，对刘备，那完全是正是时候。这个千万年一遇的乱世，它造就的英雄，那才叫真正的英雄。

其实，曹操与刘备一样也喜欢乱世。因为只有在这个乱世里，他们才能够跻身于政治舞台的中心，进而脱胎换骨，实现自己宏伟的理想和抱负。

论才识，曹操远远胜于刘备。曹操的诗，不但经常被刘备、孙权引用，也经常被现代人引用；论韧性，刘备远胜于曹操，刘备屡战屡败，

煮酒论英雄

屡败屡战。领了几千人马，今天帮陶潜打曹操，明天帮曹操打袁术。表面为打抱不平的仁义而战，实则是为自己的天下——得民心而战。论仁义，刘备比曹操略高一筹；论奸诈，曹操比刘备略高一筹。但是，论“捣乱”，曹操与刘备却可以画等号。

当刘备投奔曹操时，曹操与刘备还一起煮酒论英雄，究竟谁是英雄？两个人都是——乱世英雄，都想一统天下。当然，说奸雄也说得过去。只是，历史上的刘备披着仁义的外衣，打着匡扶汉室的旗号，含蓄地“奸”；而曹操则是披着忠义的外衣，挟天子以令诸侯，赤裸裸地“奸”。

不管是曹操、刘备，还是孙权，他们有宏伟抱负都没有错，并且是值得大赞特赞的。但是，天下只有一个，英雄却有两三个。这个矛盾，精彩了天下和历史，却委屈了英雄们的远大志向。

在三国密密麻麻的英雄中，特别是曹操这个人，无论《三国志》怎么记载，无论《三国演义》怎么演义，美化也罢，丑化也罢，他都能承受得起。甚至，他的复杂，是史籍和文艺作品加在一起也概括不了的。

从《三国志》到《三国演义》，曹操的形象前后有着许多不同，但这些不同都有其社会存在的合理性。只有这样的英雄，更确切地说是枭雄，才能够适应人类历史发展的规律，为社会进步起到积极的作用。

一统天下，所靠的不仅仅是拼打，还有智谋和方法。毛宗岗说：“曹操一生，无所不用其借：借天子以令诸侯，又借诸侯以攻诸侯。至于欲安军心，则他人之头亦可借；欲申军令，则自己之发亦可借。借之谋愈奇，借之术愈幻，是千古第一奸雄。”

赤壁大战之后，曹操痛哭郭嘉：“若奉孝（郭嘉字奉孝）在，决不使吾有此大失也。”对此，毛宗岗却说：“曹操前哭典韦而后哭郭嘉，哭虽同，而所以哭则异；哭典韦之哭所以感众将士也，哭郭嘉之哭所以愧众谋士也。前之哭胜似赏，后之哭胜似罚。不谓奸雄眼泪既可作钱帛用，又可作挺杖用。”

其实，曹操的这些方法和手段，对于一位军事家兼政治家来说，实在称不上奸诈，只能说是智谋。不管是用自己的手杀人，还是用别人的手杀人；也不管是用刀枪杀人，还是用笔杆子或嘴巴杀人，作为在乱世中夺取权力的领袖，都可以称得上残忍。须知，这种“适者生存”的法则已经伴随人类走过了几万年。

如果说曹操残忍，那么，孙权是，刘备也是。天下所有的帝王和资本家都符合这一标准。因为，一统天下的理想与现实相比，毕竟有着一段很遥远的距离和太多的障碍！要扫清这些障碍，要拉近这段距离，要统一天下，让社会进入一个稳定的发展局面，他不得不这样。同时，他也必须这样。

三国，之所以精彩，是因为英雄太多。曹操是其一，刘备是其二，孙权也算大半个。英雄之上的英雄却只有一个，那就是——曹操！现实中的曹操，就雄才大略来说，他比刘备更“奸”，但更比刘备“英”。

44 曹魏为何短命

从公元 220 年 12 月 10 日到公元 265 年 2 月 4 日，这四十五年间，曹魏先后共历四帝一公。比起历经八百多年的周朝，曹魏确实太短命了，但与十四年的秦朝相比，也算活够本了。

曹魏共有八位君主，分别是高皇帝曹腾（曹嵩的父亲，曹丕的儿子曹睿称帝后追封）、太皇帝曹嵩（曹操的父亲，曹丕称帝后追封）、魏武帝曹操（曹丕的父亲，曹丕称帝后追封）、魏文帝曹丕（开国皇帝）、魏明帝曹睿、曹芳（无帝号）、曹髦（无帝号）、魏元帝曹奂。高皇帝曹腾，是中国历史上唯一一位太监皇帝。

在这八位皇帝中，被追封的有曹腾、曹嵩、曹操三帝，三四十岁就病死的有曹丕、曹睿二帝，被杀的有曹髦一帝，被废的有曹芳一帝，被禅让的有曹奂一帝。被追封的皇帝比其他各类病死的、被杀的、被废的、被禅让的都多。这也是曹魏最突出的特点之一。

在这些非正常离世的曹魏皇帝中，“最著名”的是元帝曹奂。在曹魏政权进入倒计时之际，曹奂先是被司马氏扶上龙椅，而后又重复汉献帝把帝位“被禅让”给曹丕的方式，把帝位被迫让给了司马炎。

在曹魏之前的四百多年，我国历史上最短命的帝国——秦，只存活了十四年，秦始皇（嬴政）在位十一年，秦二世（嬴胡亥）在位三年。这样算起来，曹魏比嬴秦算是长寿了点，但依然是一个很短命的王朝。至于大秦迅速倒闭的原因，几乎每一个想说的人，都有一套自己的说辞。其实，曹魏与嬴秦的短命有不少相似之处。但是，在王朝短命的问题上，曹魏也有自己独特的、莫名其妙的原因。

秦朝究竟为何如此短命呢？曹魏与嬴秦短命的相似之处又在哪里呢？许多人都认为，嬴秦的短命是由秦始皇的残暴所造成的。关于这一点，如果从人性的角度去分析，秦王嬴政确实是残暴。但是，这并不是秦朝短命的最根本原因。秦王嬴政是一位政治家，一个玩政治的，究竟为什么没玩好，必须要从政治的角度去分析。

在历代开国皇帝中，有几人没有杀过一兵一卒？又有几人只杀了成千上万人？秦始皇统一中国的代价是：历经 22 次战役，斩杀 181 万人。这确实是太残酷了。但是，它是每一位开国帝王必经的步骤！试问：哪一位开国皇帝不是马背上的皇帝？

其实，关于曹魏短命的原因，综合分析，主要有以下两个方面：第一，短命王朝的共性问题——政治制度和一朝天子一朝臣的问题没处理好，致使曹魏政权青黄不接；第二，曹魏的个性问题——皇帝一个比一个短命。且，除死于短命的之外，还有不少死于非命的。在曹魏所有的皇帝中，几乎没有一个是寿终正寝。

先说说曹魏短命的共性问题。

纵观中国历史上的几个短命王朝，它们都有很多相似之处。众所周知的短命王朝有嬴秦和杨隋，还有曹魏。其实，一个王朝灭亡的原因有很多，它绝非是一两个因素所能导致的。如果把关键的不良因素相加，势必会加剧一个王朝的灭亡。纵使开国皇帝如嬴政、曹操，也没有回天之术。

从周朝、秦朝和汉朝的政治制度和寿命来看，由封建制（也称分封制）到郡县制，再到分封、郡县结合制；由八百多年到十四年，再由十四年到四百多年。这个政治问题，也许只有到政治制度里去找原因。

我国西周实行的是封建制，这种制度其实在三皇五帝时就已经开始了。炎帝、黄帝、大禹，以及夏商两朝帝王子孙封地的具体位置，这些在史书中都有记载。秦始皇统一天下，他把天下划分为三十六郡，从此，郡县制彻底代替分封制。

当时，秦丞相绾就劝秦王立诸子为王，以建立藩国，群臣当然也都赞同。博士淳于越也认为，商朝和周朝之所以据有天下千余年，就是因为有那些封建弟子们。即使后代子孙有争权夺利的现象，也不过是他们自己家族内部的矛盾，最起码帝位不会落入外姓人之手。但廷尉李斯坚决反对，李斯拿周朝诸侯争霸致使周亡命的结局告诫秦始皇——周朝的分封制是失败的！

最终，秦始皇还是听从了李斯的建议。但是，十四年的秦朝代替八百年的周朝，这并不仅仅是改朝换代那么简单的事。须知，那还是一场彻底的社会革命。谁革的谁的命？——秦始皇革的是享受“世卿世禄”的封建贵族的命！

一个十几年的新帝王去变革几百年的一个封建社会士族阶层的命，

并不是那么容易的事。所以，当陈胜、吴广揭竿而起，当六国积极响应之时，在手无寸铁的嬴秦子弟中，也就出现了无人且无力为朝廷效命的局面。只能任由起义军踏破秦之城门，任战乱持续。

周朝与秦朝的例子告诉我们：实行封建制越彻底的朝代，存在的时间越长，实行郡县制越彻底的朝代，存在的时间越短。基于这个历史教训，西汉开国皇帝刘邦学聪明了。在西汉政权建立了以郡县制度为主体，以封建制度为辅助的社会制度。这种复合政治制度，不但可以保证国家主权高度集中，同时也有利于新王朝在建立之初的统治巩固。因此，自汉朝到清朝之间的历朝历代，他们也大都采取这种制度。

与秦隔着一个大汉的曹魏政权，虽然与秦相差四百年之久，但这两个朝代却有着极其相似的地方。曹丕与曹植曾经为争夺太子之位斗得死去活来，得胜的一方曹丕即位后对支持曹植的曹氏子弟实行严厉打压。

为了防止几个弟弟与自己争皇位，曹丕把他们都赶出京城，分封到各地去了。表面上看，曹丕实行的也是郡县制与分封制相结合的复合政治制度，但魏文帝曹丕分封几个弟弟，只是做做形式而已。

曹植像

与曹丕争夺太子位的曹植，在魏文帝曹丕即位后，从一个优游自在的贵族王子变成了一个处处被限制、受打击的对象，后来魏明帝曹睿对他仍严加防范。为了防止曹植发展和巩固势力，在文、明二世的十二年中，曹植从最初的封地鄄城（今山东省菏泽市鄄城县）到后来的封地东阿（今山东省聊城市东阿县），再到最后的封地陈郡（今河南周口市一带，秦时陈郡下辖30多个县市，至曹植被分封至此后期管辖范围已被限制在今河南的太康、西华、商水、淮阳、郸城、柘城等五六个县的范围之内），一生曾被迁封过多次。

从曹植这个“陈思王”的典型例子可以看出，各诸侯国的国王的确是封了，但诸侯国不仅面积狭小，而且兵力极其有限，连防卫本地的战斗力都没有，更别说让他们在朝廷有事的情况下勤王了。再说了，如果不是哥哥曹丕当政，估计才高八斗的曹子建也不会处处受排挤和打压。那么，本来就一腔怨气的他，在朝廷有事的时候，即便是他有能力勤王，但他会去吗？

曹丕为什么这样做？难道他不知道秦朝和它的中央集权制是怎么告别历史舞台的？他当然知道，但是，他更知道他的皇位来得多么不易。所以，满脑子都是皇位的他，也顾不得那么多了。

在太子之争中失利的曹植，作为一个旁观者，他认为秦博士淳于越的建议才是知时变之举。曹植曾说：“汉氏广建藩王，丰则连城数十，约则飨食祖祭而已，未若姬周之树国，五等之品制也。若扶苏之谏始皇，淳于越之难周青臣，可谓知时变矣。”

很明显，曹植在警告曹丕——不这样做会出现异姓夺权的结局。但是，在曹丕看来，曹植的提醒只是弟兄们想争夺军权、谋取帝位的幌子而已。他恨不得用《七步诗》来逼死弟弟曹植，哪里还会听得进去他的警告？当然，更不会采纳他的建议，分封给他和弟弟们一个个面积辽阔的王国。

所以，几十年后，当司马父子诛杀曹爽以及曹氏亲贵时，当晋朝开国皇帝司马炎逼大魏末代皇帝曹芳禅让时，曹氏子弟中无一人起来勤王的局面也就不难理解了。种下什么样的因，就会收获什么样的果。曹丕为了自己的皇位安全，把自己的弟弟杀的杀，贬的贬，儿孙们的皇位可就麻烦了。

从“一朝天子一朝臣”的官场原理来看，正常的新陈代谢应该是每一代皇帝都有属于自己的一代臣子。上一代皇帝要给下一代皇帝实习和选拔自己臣子的机会。这样，随着上一代皇帝的死亡，下一代皇帝也便拥有了自己的一代重臣。

在新帝王与旧帝王交替的过程中，前三代颇为重要。一般来说，只要前三代经历了正常的世代转换，之后几代便是把集团做大做强而已。如果这样的话，那么，皇朝基本上也就能稳定下来了。

当然，这只是一种理想状态。实际上，有很多朝代都做不到，或者说很少有哪个朝代能完全做到。为什么？前三代的稳定需要一个很苛刻的条件。那就是在这三代之中，至少要有一代皇帝，特别是第一代皇帝，要有相当数量的统治年数。

在这相当数量的统治年数内，第一代皇帝还要完成三件事：一是应对随时发生的变乱，稳定本朝局势；二是将开国功臣这些老人升到位高但无实权的位置上，起用新人控制自己的班底；三是刻意留下一些年轻的精英给继承人培养，作为日后的栋梁之臣。这个巨大的工程，历史上没有几个第一代皇帝能做得到。

这还罢了，最怕的是上一代还没做完，留下一堆几年干不完的事和一个破败不堪的烂摊子交给下一代去处理。最最糟糕的是，在前三代中，每一代都不能顺利承接。如果这样的话，那么，这个王朝肯定活不了多久。

拿曹魏政权来说，曹操传给曹丕的基业的确是一个好摊子：老将老臣大都和曹操一起走了，没走的也大都老迈，走的走，退的退。再说，曹丕早就被确立了太子地位，也得到了一些历练；还有曹操留下的一批精干的新生代，再加上他即位后提拔一些。所以，这些新生代在曹丕手中完全可以控制得住。

但是，人算不如天算，曹丕虽然建立了一个相当成熟的领导班子，可他死得太早了！曹操怎么也想不到——继承人曹丕竟然只活了四十岁。等他一死，他的儿子曹睿即位时，麻烦大了。

这麻烦其实都是曹丕造成的，他没有早立一个太子。让太子像当年的他一样出来历练，与百官交接，并培植自己的班底。曹睿因其母甄氏被废，直到曹丕病危时才被立为太子。等曹睿上台时，父亲曹丕留下的那些人大都年富力强占着实权。仓促上台的曹睿只能一边培养着自己的势力，一边利用着父亲留下的曹休、曹真、陈群、司马懿四位辅政大臣。明知这样做不太妥当，甚至是很危险的，他也没办法。

更糟糕的是，曹睿只活了三十五岁，比他父亲曹丕还短命，而且他还没能早日生下一个成年的太子。等到曹睿熟悉朝野，外部压力渐渐减轻时，他也快接近生命的终点了。他收养的曹芳即位时只有六岁，也是和他父亲一样，临终前才被立为太子。这个六岁的娃娃，别提培养自己的势力、熟悉政务了，他能保住自己的命就已经很不错的了。至于曹芳、曹髦、曹奂，那就更没什么可说的了。

再说说曹魏短命的个性问题。

曹操活了六十六岁，卞夫人活了七十岁。按说，在古代也算长寿的了。况且，曹操平时也很注重儿子们的身心教育和锻炼。起码应该说，先天的遗传和后天的培养是没什么问题的。那就是上帝安排的问题了。

曹操一世枭雄，文韬武略引天下英豪竞相投奔，遂在三国纷争中占尽上风，创下曹氏基业。他的儿子们也个个身手不凡。大儿子魏文帝曹丕博贯经传诸子百家之书；二儿子曹彰武艺过人，是一位难得的猛将；

三儿子曹植开建安诗文一代宗风。在历史上，曹魏英才可谓是风光无限、光彩照人。就连早年去世的曹昂和曹冲，也是人中豪杰，一个英勇善战，一个聪明绝顶。

只可惜，一个个都死得太匆匆，又太莫名其妙。最初去世的曹昂和曹冲，二人一个为曹操而死，一个为曹丕“被死”。曹丕活了四十来岁，据说是犯了历代皇帝的通病，因贪恋美色而死；曹彰的死，更是见死不见血，据说是曹丕利用下棋的机会，用一些带毒的枣儿将二弟曹彰的生命默默给注销了。曹植的千古名篇《赠白马王彪》一诗揭露了萁豆相煎的内幕；曹植的生命，也多亏他的七步一诗，否则也不会比曹丕多活一年，而是死在曹丕的前面了。

如果说因生病死掉的是家族遗传问题，因生活习惯死掉的是不节制问题，那么，被杀的就没什么好说了。因为这其中既有被他人杀的，也有被自己人杀的……曹髦是被司马氏杀了。曹睿的早逝呢，实在让人解释不通。他也算得上是一位好皇帝，博学多识，还被称为“曹魏三祖”，他的意外死亡，难道真是上天的意思？

曹睿之后的三代皇帝又如何呢？

曹芳活了四十二岁，在位十五年，七岁就开始即帝位。其中司马懿辅政十二年，独掌军国大权三年。司马懿死后，其子司马师把持朝政。曹芳联合李丰、张缉、夏侯玄等意图罢除司马师，改立夏侯玄为大将军。但被司马师发现端倪，三人被诬陷藏有“衣带诏”，腰斩灭族。后曹芳被司马师废去帝号，贬为齐王，另立曹髦为帝。

曹髦活了十九岁，十三岁被司马师扶上龙椅，在位六年，完全被司马师玩于股掌。曹髦擅长写诗文，绘画艺术也很不错，算得上一位才子。但他因写了一首《黄龙歌》被司马昭怀疑，后来司马昭借他人之手杀了曹髦，另立曹奂为帝。

曹奂是三国时曹魏最后一位皇帝。曹魏都快结束了他开始长寿了——他活了五十六岁。十四岁登基，在位五年，登基后就彻底成为司马兄弟的傀儡，最后禅位于司马昭的儿子司马炎。

后面的皇帝偶有一两个短命也无所谓，但是，曹丕和曹睿的短命，对于曹魏政权的稳定性实在是个巨大的打击。曹丕在位六年，曹睿在位十三年，从表面上看，他们的统治时间还都算不上太短。但是，对于建国初期前三代皇帝来说，这实在是够短的。仅仅这三代下来，即便没有司马懿，也会有其他人来篡夺曹家的江山，司马懿只是正好成为这个人罢了。

不过，如果再往后看各朝，也是如此神奇，哪个家族坐上皇位，哪个家族从此就进入浑浑噩噩的状态，以前人才辈出的情况开始一去不复返。

这样看来，曹魏的短命也实在是不足为奇了。这有天意，更有人为。但是，好在曹氏三父子（曹操、曹丕、曹植）在中国帝王史和中国文学史上留下了浓墨重彩的一笔，为中国历史长河增添了一朵奇丽的浪花。

45

千年后的知音

在历代帝王、领袖中，曹操的知音少之甚少，李世民算半个，毛泽东算一个。

“曹操是白脸奸臣”，书上这么写，戏里这么演，老百姓这么说。而毛泽东却不这么看，他认为曹操是一位大英雄。毛泽东生前曾多次替曹操“翻案”，他还说，“我的心与曹操是相通的”。

为什么？曹操改革了东汉末年的许多垃圾政策，他抑制豪强，发展生产，实行屯田制，还督促开荒，推行法治，提倡节俭，使遭受大破坏的社会开始稳定、恢复并发展。何来“奸”呢？

所以，毛泽东说，“曹操是了不起的政治家、军事家，也是个了不起的诗人。”《观沧海》这样流传千古的诗谁人能写出呢？

毛泽东对曹操非常推崇，不但经常手书曹操的诗词和经典语录，而且还经常吟咏，并在自己的诗中引用曹操的诗。

1957年4月10日，毛泽东与《人民日报》负责人谈话时说："小说上说曹操是奸雄，不要相信那些演义！其实，曹操不坏。当时曹操是代表正义一方的，汉是没落的。"

这是在20世纪50年代继1954年夏之后毛泽东再一次为曹操翻案。每个人读到这一点想必都会替曹操在心底欢呼——你终于遇到知音了！

1957年11月2日，毛泽东正在莫斯科访问，这天晚上，他请胡乔木、郭沫若等人一起用餐。其间，他又提起《三国演义》的话题，主题还是离不开曹操，他说曹操如何如何冤屈，如何如何伟大。

人们都说，中国有"事不过三"的古训。可是，这一次，已经是毛泽东自50年代以来第三次为曹操翻案了。曹操如果地下有知，他该如何感谢这位千年后的知音呢？

1958年11月，毛泽东在接见河南安阳县委书记时和在武汉召开的座谈会上又两次谈到曹操。其主题仍不外乎说曹操的各种优点。最后，他还说："现在我们要给曹操翻案，我们党是讲真理的党，凡是错案、冤案，十年、二十年要翻，一千年、两千年也要翻。"

其实，这何止是"现在"啊，早在几年前他就开始给曹操翻案了，而且最频繁的是在四年内翻了五次，一月内翻了两次。

1958年12月，毛泽东在看到《三国志集解》中卢弼对曹操的《述志令》的注文时，写下这样一段批语："此篇注文，贴了魏武帝不少大字报，欲加之罪，何患无辞？……"

有毛泽东这样的高级粉丝，曹操的冤案何愁不翻个底朝天呢？

毛泽东走到哪里，把曹操的"冤屈"诉说到哪里。见到哪里有写曹操不好的文字，毛泽东总会加个相反的批注。

1959年2月，毛泽东读到了《光明日报》上发表的翦伯赞写的《应该替曹操恢复名誉》的一篇文章，他又开始为曹操翻案了。

毛泽东为曹操打抱不平地说："曹操结束汉末豪族混战的局面，恢复了黄河两岸的广大平原，为后来的两晋统一铺平了道路。《三国演义》的作者罗贯中不是继承司马迁的传统，而是继承朱熹的传统。"

主席这话是什么意思呢？司马迁著《史记》，这个我们都知道，他是抱着实事求是、客观公正的态度。而朱熹呢？他却是程朱理学客观唯心主义的典型代表。朱熹"存天理、灭人欲"的理气一元论体系，可谓是将"唯心"研究到了极致。毛泽东的意思不言而喻。

在曹操诞辰的第1820年，也就是1975年，毛泽东在谈到三国时期的历史时，送给了曹操一句这样的诞辰贺礼——"三国的几个政治家、军事家，对统一都有所贡献，而以曹操为最大！"在他的心里，曹操简直就是一位至高无上的神，极少有哪位开国皇帝或君主能够超越。

在毛泽东去世的那一年，也就是1976年，毛泽东为了说明在实践中才能增长才干的道理，他还拿曹操没有上过大学作论据加以说明。曹操成了毛泽东生活中无法或缺的元素，哪里有他，哪里就有曹操。虽然隔着阴阳两重天，但这对知己，似乎从来就不曾分离。

作为一位政治家，毛泽东评价过的历史人物很多，但唯独曹操让他一而再再而三地如此高度评价。作为一个文学家，毛泽东为历史人物翻过的冤案也不少，但唯独曹操的"冤案"让他从生翻到死。

反观历史可以看出，毛泽东之所以如此肯定曹操，频繁为他翻案，恐怕也缘于二人在诸多方面有着逼真的"形似"乃至"神似"之处。那驰骋在疆场上的叱咤风云，那蕴含在诗词里的奔腾豪迈，还有那一统天下的政治抱负、那破旧立新的思想壮举……

附录

曹操历史年表

[公元155年](永寿元年)
曹操(字孟德)出生在兖州沛国谯县(今安徽省亳州市)。

[公元174年](熹平三年)
曹操被举为孝廉,授洛阳北部尉,再改任顿丘县令,后被征召为议郎。

[公元184年](中平元年)
汉灵帝封曹操为骑都尉,命其在颍川一带(今河南禹州)镇压黄巾起义。后曹操因军功升迁为济南国国相,在此任职三年,惩治贪官污吏、禁绝淫祀。

[公元187年](中平四年)
曹操因得罪权贵,被降为东郡太守,随后称病辞官。
冀州刺史王芬、南阳许攸、沛国周旌等人同谋废汉灵帝,并邀请曹操同反汉帝,曹操拒绝参与。

[公元188年](中平五年)
曹操被任命为京师洛阳的西园典军校尉。

[公元189年]（中平六年）
董卓入朝专权，表曹操为骁骑校尉，曹操拒绝董卓拉拢，易名出关，中途被捕，后被释放，至陈留招揽义兵，准备讨伐董卓。
十二月，曹操起兵于陈留郡己吾县（今河南省宁陵县东南），兵卒五千人。

[公元190年]（初平元年）
正月，袁术、韩馥、孔伷、刘岱、王匡、袁绍、张邈、桥瑁、袁遗、鲍信响应号召同时起兵讨伐董卓，推袁绍为盟主，曹操任奋武将军。
二月，董卓火烧洛阳，迁都长安。诸侯联军观望不前，唯曹操孤军奋战，后败于董卓部将徐荣，曹操中箭受伤，最后力战得以逃脱。
诸侯联军分崩离析后，曹操拒绝袁绍拉拢，开始独立发展势力。

[公元191年]（初平二年）
曹操引兵于东郡，大胜黑山贼白绕于濮阳（今河南濮阳西南），袁绍表曹操为东郡太守，治东武阳。

[公元192年]（初平三年）
春，曹操剿灭黑山贼和匈奴于夫罗部。
鲍信等人至东郡迎曹操领兖州牧，曹操进兵攻打黄巾于寿张（今山东省东平县西南）之东。
冬，曹操收黄巾军降卒三十余万，号为青州兵。
袁绍袁术兄弟不和，公孙瓒协助袁术，命刘备屯高唐，单经屯平原，陶谦屯发干，曹操与袁绍合力攻打三路军马，获全胜。

[公元193年]（初平四年）
春，曹操屡胜袁术，袁术败走淮北。
夏，曹操还军定陶。
秋，曹操军征讨陶谦，连续攻下十多座城池，陶谦守城不敢出战。

[公元194年]（兴平元年）
春，曹操父亲曹嵩被陶谦杀害，曹操欲报杀父之仇。
夏，曹军进攻徐州，纵军屠杀数万人，攻拔襄贲（今江苏省涟水县）。
吕布与张邈、陈宫等攻打曹操，曹军调头与吕布大战，不敌吕布骑兵，惨败，曹操被烧伤。

曹军与吕布军对峙百日余，吕布军粮尽退兵。

九月，曹操回军鄄城。

十月，曹操军至东阿（今山东省平阴县东阿镇），当年蝗灾频乱，军粮奇缺。

[公元 195 年]（兴平二年）

春，曹军袭取定陶、廪丘等，平定兖州。

夏，曹操用伏兵之计大破吕布军，吕布投靠刘备。

八月，曹操军围雍丘（今河南省杞县）。

十月，汉献帝拜曹操为兖州牧。

十二月，攻破雍丘，张超自杀，曹操夷张邈三族。后张邈亦被杀，兖州平定，曹军东略陈地（今河南省淮阳县等处）。

[公元 196 年]（建安元年）

春正月，曹操军攻取武平。

曹操遣曹洪西迎汉献帝，因兵乱未成。

二月，曹操进军讨破汝南、颍川黄巾军何仪、刘辟、黄邵、保曼等，汉献帝拜曹操为建德将军。

六月，汉献帝假曹操节钺，录尚书事。

九月，汉献帝加封曹操为大将军，封武平侯。

曹操迫使汉献帝迁都许（今河南许昌），开始挟天子以令诸侯，总揽朝廷军政大权。

十月，曹操征讨杨奉。

曹操让大将军与袁绍，自任司空，行车骑将军。

曹操开始屯田。

刘备军被吕布打败，曹操收纳刘备。

[公元 197 年]（建安二年）

春正月，曹操攻打宛城，张绣投降，后又反悔，与曹军交战，曹军战败，曹操中流矢，长子曹昂、侄子曹安民战死。

曹操引兵还舞阴（今河南泌阳西北），后击破张绣军，归还许都。

袁术欲称帝，曹操出兵与袁术军交战大胜；后数遭刘表、张绣军侵袭。

十一月，曹操亲自南征宛城，胜刘表军，攻取湖阳、舞阴。

[公元 198 年]（建安三年）
春正月，曹操回军许，初置军师祭酒（中、前、左、右军师等）。
三月，曹操军围张绣于穰（今河南省邓州市）。
五月，刘表遣兵驹慌绣，曹军前后受敌，于是深夜凿险为地道，过辎重，设奇兵，大破张刘联军。
吕布部将高顺打败刘备，九月，曹操亲征吕布。
十月，曹军屠戮彭城（今江苏省徐州市），围攻下邳（今徐州市东）。
曹操用荀攸、郭嘉计策，决泗、沂之水灌城，一月有余，下邳城破，曹操处死吕布、陈宫等人，收降臧霸等将。

[公元 199 年]（建安四年）
四月，曹操进军临河（今内蒙古临河县），大破眭固等人。
八月，曹操进军黎阳（今河南省浚县）。
九月，曹操返回许都，分兵守官渡。
十一月，张绣投降，被封为列侯。
十二月，曹操兵发官渡。
庐江太守刘勋率众降，封为列侯。
刘备与董承等人密谋，背反曹操，曹军刘岱、王忠部攻打刘备失利。

[公元 200 年]（建安五年）
春正月，董承等人暗中谋害曹操，失败后被处死。曹军东征刘备获胜，刘备投奔袁绍，曹操收降关羽、俘获刘备家小，返回官渡。
四月，曹军北救刘延，从荀攸计策，于白马大胜袁绍军，斩杀颜良，解白马之围。
袁绍军渡河追击曹军，曹操在延津南用辎重诱敌的计策大破袁绍军，斩杀文丑，还军官渡。
八月，袁绍、曹操联营数十里对峙，袁绍军进临官渡，起土山地道，曹操也做土山地道相应。孙策乘官渡战局动荡，意欲偷袭许都，未出兵即为刺客所杀。
曹操用荀攸计，派徐晃、史涣焚毁袁绍运粮车队。
十月，袁绍谋臣许攸投奔曹操，献计烧粮。曹操自领步骑五千人夜袭淳于琼部，袁绍派遣张郃、高览攻打曹操大营，张、高二将闻听淳于琼部被击破，投降曹操。

[公元201年](建安六年)

五月，袁绍病死。

九月，曹操征讨袁绍二子残部，袁谭、袁尚屡败退，固守不出。

[公元203年](建安八年)

三月，曹军大破袁谭、袁尚军。

四月，曹操进军邺（今河南省安阳市北、河北省临漳县西）。

五月，曹军回师许都，留贾信屯黎阳。

八月，曹操征讨刘表。袁绍二子相斗，袁谭失利，投靠曹操。

十月，曹军复北进，袁尚军挫败。

[公元204年](建安九年)

二月，曹军攻打邺城。

五月，曹操决漳水灌城，城内大半人饿死。

七月，曹军大破袁尚援军。

八月，邺城告破，曹操斩杀审配，哭祭袁绍，善待袁绍家眷。

九月，曹操免去河北赋税一年，汉献帝封曹操为冀州牧。

十二月，曹操进军南皮，整顿地方局势。

[公元205年](建安十年)

正月，曹操军大破袁谭，袁谭战死，曹操平定冀州。

四月，黑山贼张燕率兵卒十余万投降曹操，被封为列侯。

八月，曹操征讨乌桓。

[公元206年](建安十一年)

正月，曹操军围壶关征讨袁绍外甥高干，高干败走，后被杀。

八月，曹操军东征海贼管承部，获胜。

[公元207年](建安十二年)

曹操从郭嘉计，北征三郡乌桓。

曹军受阻渤海滨，于是率军出卢龙塞(今河北喜峰口至冷口一带)，进军柳城(今辽宁朝阳西南）。

八月，登白狼山，乌桓之战曹操军大胜，斩杀乌桓王蹋顿，胡、汉降军二十多万。

九月，公孙康杀死袁尚、袁熙，曹操统一北方。

[公元 208 年]（建安十三年）
正月，曹操回到邺城，造玄武池操练水军。
六月，曹操被封为丞相。
七月，曹操南征刘表。
八月，刘表病亡，幼子刘琮代位，屯居襄阳，刘备屯居樊城。
九月，曹操军到新野，刘琮投降，刘备逃至夏口，曹操进军江陵。
十二月，赤壁大战，曹操军不习水战，且瘟疫盛行，被孙权刘备联军大败于赤壁，被迫退军。

[公元 209 年]（建安十四年）
曹操大治水军，巩固自身势力、稳定北方政局，并设扬州郡县长吏，开芍陂屯田。

[公元 210 年]（建安十五年）
冬，曹操筑铜雀三台：前为金凤台，中为铜雀台，后为冰井台。

[公元 211 年]（建安十六年）
正月，太原商曜等叛乱，曹操派遣夏侯渊、徐晃围破之。
三月，曹操派钟繇讨伐张鲁。马超、韩遂举大军叛乱。曹操派曹仁讨伐，马超等人屯居潼关，曹操下令严守不出。
七月，曹操西征迎战马超军，派徐晃、朱灵等夜渡蒲孤津，后被曹操伏兵击破，马超等屯居渭南，向曹操求和，曹操不许。
九月，曹操进军渡渭水，离间马超和韩遂，大胜关西军，马超败走凉州。
十月，曹操北征杨秋，围攻安定，杨秋投降。

[公元 212 年]（建安十七年）
正月，曹操回到邺城。汉献帝命曹操赞拜不名，入朝不趋，剑履上殿，效仿汉初萧何故事。
十月，曹操再次征讨孙权。

[公元 213 年]（建安十八年）
正月，曹操进军濡须口，攻破孙权江西大营，俘虏孙权军都督公孙阳。合并中国十四州，改为九州。

五月，曹操被封为魏公。
七月，曹操开始建魏社稷宗庙。
九月，曹操作金虎台，凿渠引漳水入白沟疏通河道。
十月，曹操分魏郡为东西部，设置都尉。
十一月，曹操初置尚书、侍中、六卿。

[公元214年]（建安十九年）
正月，夏侯渊与马超、韩遂大战，曹军获胜。
三月，汉献帝使魏公位在诸侯王上，改授金玺、赤绂、远游冠。
七月，曹操再次征讨孙权。夏侯渊平定凉州。
十一月，汉皇后伏氏被曹操废黜处死。

[公元215年]（建安二十年）
正月，曹操之女被汉献帝封为皇后。
三月，曹操西征张鲁。
五月，曹军剿灭氐王窦茂军。
七月，曹军兵至阳平，夜袭阳平关，大胜张卫军，张鲁溃逃巴中，曹操军入南郑，收复巴、汉。
八月，孙权围合肥，张辽、李典击破孙权大军。
十一月，张鲁投降，被封为列侯。

[公元216年]（建安二十一年）
三月，曹操亲耕籍田。
五月，汉献帝进曹操爵为魏王。
十月，曹操讨伐孙权。

[公元217年]（建安二十二年）
二月，曹操进军屯江西郝溪。孙权在濡须口筑城拒守，曹军逼攻，孙权退走。
三月，曹操引军北归。
四月，汉献帝命曹操设天子旌旗，出入称警跸（帝王出行的车驾、道路）。
五月，曹操兴建泮宫。
十月，汉献帝命令魏王官帽上佩缀十二旒，坐金根车，套驾六匹马、配置五时副车，立曹丕为魏太子。

[公元 218 年]（建安二十三年）

正月，汉太医令吉本与少府耿纪、司直韦晃等人谋反，兵败被杀。

三月，张飞、马超不敌曹洪军，撤往汉中，蜀汉大将吴兰被杀。

四月，代郡、上谷乌桓无臣氐叛乱，很快被曹军剿平。

七月，曹操治兵，西征刘备。

九月，曹操兵至长安。

十月，宛城守将侯音等人叛乱。

[公元 219 年]（建安二十四年）

正月，曹仁部屠戮宛城，斩杀侯音。

夏侯渊与刘备于阳平大战，被刘备军所杀。

三月，曹操军自长安出斜谷，紧逼汉中，刘备拒守不出。

五月，曹操引军撤回长安。

七月，曹操立夫人卞氏为王后。

八月，汉水暴涨，于禁被关羽打败，关羽围攻曹仁，曹操派遣徐晃去解围。

十月，曹操自洛阳南征关羽，大军未到，徐晃已经大破关羽军，曹仁部得以解围。

[公元 220 年]（建安二十五年）

正月，曹操回到洛阳，孙权袭杀关羽，献关羽首级给曹操。

正月二十三日，曹操在洛阳去世，终年六十六岁，谥武王。

二月二十一日，曹操被葬在高陵。

三国历史年表

[公元 184 年]

二月，黄巾起义爆发。

十月，张角病死。

[公元 187 年]

曹操任东郡太守，后称病辞官当隐士。

[公元 189 年]
九月，董卓废少帝刘辩为弘农王，立九岁的陈留王刘协为帝，是为献帝。

[公元 190 年]
正月，各路诸侯起兵反董卓。
董卓令李儒毒死弘农王（少帝），卒年十五岁。
二月，董卓焚洛阳，迁都长安，洛阳古都残破。
公孙度自立为辽东侯。

[公元 191 年]
孙坚破董卓，斩华雄。
袁绍夺州牧韩馥的冀州，自领州牧。

[公元 192 年]
四月，王允设连环计，吕布杀死董卓。
六月，李傕、郭汜围长安，杀王允，败吕布。
曹操击败青州黄巾军，收编为“青州兵”，实力得以壮大。
孙坚攻击刘表，战死。

[公元 193 年]
曹操东征徐州，大败陶谦。

[公元 194 年]
吕布攻击曹操。
陶谦病亡，刘备领徐州牧。

[公元 195 年]
十月，曹操领兖州牧。
孙策攻打江东大败刘繇。
李傕、郭汜争夺献帝。

[公元 196 年]
七月，献帝在杨奉等人护送下，回洛阳。
吕布占徐州，刘备投曹操。

曹操始兴屯田，将献帝劫持到许。

[公元197年]
袁术在寿春称帝。
曹操讨伐张绣，失败。
袁绍占领冀、幽、青、并四州。

[公元198年]
九月，吕布攻打刘备，破小沛。
十二月，曹操擒杀吕布。

[公元199年]
十一月，张绣投降曹操。
董承与王子服等密谋除曹操。
孙策袭取庐江，败刘勋，于沙羡大破黄祖，还定豫章郡、庐陵郡。
孙策、周瑜分别纳大乔、小乔。
刘备讨伐袁术，袁术病死。

[公元200年]
曹操诛杀董承一伙。
孙策遇刺身亡，孙权继位。
陈琳撰写讨曹檄文，官渡之战开始。
十月，曹操偷袭乌巢。

[公元200年]
曹操败袁绍于仓亭。
刘备投奔荆州牧刘表。

[公元202年]
五月，袁绍病死。

[公元203年]
孙权讨伐江夏太守黄祖。

[公元 204 年]
曹操平定冀州。
辽东公孙度死，子公孙康继位。

[公元 205 年]
曹操平定青州。

[公元 206 年]
曹操平定并州。

[公元 207 年]
八月，曹操大破乌桓，消灭袁氏残余势力，统一了北方。
刘备三顾茅庐请出诸葛亮。
曹操从南匈奴赎回蔡文姬。

[公元 208 年]
六月，曹操被封为汉丞相。
七月，曹操南征刘表。
八月，刘表病死。曹操杀孔融。
九月，刘琮投降曹操。
十一月，曹操于赤壁之战中被孙刘联军打败。

[公元 209 年]
十月，刘备与孙权之妹成亲。

[公元 210 年]
曹操建成铜雀三台：前为金凤台，中为铜雀台，后为冰井台。
周瑜病卒巴丘。

[公元 211 年]
曹操攻破马超。
刘备入川。

[公元 212 年]
十月，曹操南下进攻濡须口。

刘备驻扎葭萌关。
孙权移治秣陵，改名建业。

[公元213年]
五月，汉献帝封曹操为魏公，加九锡。

[公元214年]
五月，孙权攻破宛城。
七月，孙权进攻合肥，被张辽击败。
十月，献帝、伏后与国丈伏完密谋除曹操，事泄，曹操诛杀众人。
刘璋投降刘备，刘备自领益州牧。

[公元215年]
七月，曹操征张鲁。
十一月，张鲁降曹操。
逍遥津之战爆发，曹操在濡须打败孙权。

[公元216年]
曹操称魏王。

[公元217年]
二月，曹操进攻濡须口，孙权败。

[公元218年]
曹彰大破乌桓军，鲜卑部落投降，北方平定。

[公元219年]
七月，刘备进位汉中王。
关羽水淹七军。
十月，关羽失荆州，被孙权杀害。

[公元220年]
正月，曹操病亡。
十月，曹丕称帝，建魏国。

[公元 221 年]
四月，刘备称帝。
刘备伐吴。张飞遇害。

[公元 222 年]
孙权称吴王。
夷陵之战，陆逊火烧连营，大败刘备。

[公元 223 年]
四月，刘备死于白帝城，刘禅继帝位。
八月，曹丕五路伐蜀。
蜀吴重修和好。
雍闿叛乱。

[公元 225 年]
诸葛亮南征，平定蜀国南方。

[公元 226 年]
曹丕病亡，曹睿继位。
十二月，曹睿封司马懿为骠骑大将军。
孙权围攻江夏，兵败。

[公元 227 年]
诸葛亮上书北伐。

[公元 228 年]
春，诸葛亮第一次北伐。
姜维降蜀。
马谡失街亭。
周鲂诈降诱曹魏攻吴，陆逊大败曹休。
冬，诸葛亮第二次北伐。

[公元 229 年]
四月、孙权称帝。

春，诸葛亮第三次北伐。

[公元230年]
吴派卫温、诸葛直航海到夷洲。
六月，曹魏反客为主，主动发动南伐蜀汉的战争。
冬，曹真病亡。

[公元231年]
春，诸葛亮第四次北伐。

[公元234年]
春，诸葛亮发动第五次北伐战争。
八月，诸葛亮病逝于五丈原。
吴大举攻魏合肥。

[公元235年]
正月，曹睿封司马懿为太傅。
马钧制造司南车和水转百戏。

[公元237年]
辽东公孙渊自立为燕王。

[公元238年]
司马懿平辽东，杀公孙渊。
日本邪马台女王卑弥呼派使者到魏，魏封卑弥呼为“亲魏倭王”。

[公元239年]
正月，曹睿亡，曹芳继位。

[公元240年]
蜀将张嶷平定蛮族之乱。

[公元241年]
魏国在淮河兴修水利。

[公元242年]

孙权派军攻打海南岛。

[公元244年]

曹爽派兵攻打蜀汉不利，伤亡惨重。

[公元245年]

吴太子孙和与鲁王孙霸争权，陆逊因受牵连，忧愤而死。

[公元246年]

毌丘俭两度攻破高句丽。

[公元247年]

蜀姜维出陇右攻魏，接应附蜀的羌、胡部落。

[公元248年]

司马懿被封为丞相。

[公元249年]

正月，司马懿诛杀曹爽一伙。

夏侯霸降蜀。姜维伐魏。

[公元250年]

孙权废太子孙和为庶人，赐鲁王孙霸死，立孙亮为太子。

姜维攻魏西平失败。

[公元251年]

魏国太尉王凌阴谋叛变，被司马懿平定。

七月，司马懿亡。

[公元252年]

司马懿长子司马师为大将军。

孙权亡，孙亮继位。

司马昭攻吴，失败。

[公元 253 年]
诸葛恪进攻魏国，无功而返。
姜维攻魏狄道失败。
吴孙峻诛杀诸葛恪。

[公元 254 年]
九月，司马师废曹芳。
十月，曹髦继位。
吴孙英谋杀孙峻未果。

[公元 255 年]
镇东将军毋丘俭与扬州刺史文钦讨伐司马师。
司马师亡。司马昭为大将军。
姜维攻魏狄道，先胜后败。

[公元 256 年]
四月，司马昭讨伐诸葛诞。
姜维伐魏被邓艾击败。
吴孙峻死，弟孙綝专吴政。孙綝杀死滕胤等人。

[公元 257 年]
魏诸葛诞与孙吴联合起兵反魏。
姜维出骆谷攻魏失败。

[公元 258 年]
魏军攻破寿春，斩杀诸葛诞。
孙綝废吴帝孙亮为会稽王，立琅琊王孙休为帝。
孙休与丁奉设计杀死孙綝。

[公元 260 年]
五月，贾充、成济杀死曹髦。
六月，曹奂继帝位。

[公元 262 年]
十月，姜维攻魏，被邓艾击败，退屯沓中。

[公元 263 年]
司马昭三路伐蜀，蜀亡。

[公元 264 年]
钟会和姜维密谋失败被杀。
司马昭称晋王。
孙休亡，孙皓继位。

[公元 265 年]
司马昭亡，其子司马炎继任晋王。
十二月，司马炎废曹奂为陈留王，自称晋武帝，建立西晋，魏亡。

[公元 271 年]
吴孙皓出兵攻晋，因士兵怨恨而止。

[公元 272 年]
司马炎派杨肇、羊祜等率军支持战略要地西陵。
陆抗大败杨肇，杀步阐。

[公元 277 年]
晋文鸯击破鲜卑族。

[公元 278 年]
羊祜死，杜预驻扎襄阳。

[公元 279 年]
西晋出动六路兵马攻打吴国。

[公元 280 年]
西晋消灭吴国，吴帝孙皓投降，吴亡。

三国地图文字版

一、司州（魏国）
司隶校尉部，治所河南，今河南洛阳东。下辖各郡：
平阳郡，治所平阳县，今山西省临汾市尧都区。
河东郡，治所安邑，今山西夏县北。
弘农郡，治所弘农，今河南灵宝北。
河内郡，治所怀，今河南省武陟西南。
河南尹，治所洛阳，今河南省洛阳市。

二、豫州（魏国）
治汝南安城，今河南省汝南东南。下辖郡国：
颍川郡，治所阳翟，今河南省禹州市。
陈郡，治所陈县，今河南淮阳。
沛国，治所沛县，今江苏沛县。
梁国，治所睢阳，今河南商丘南。
谯郡，治所谯县，今安徽亳州。
汝南郡，治所汝南安城，今河南汝南东南。
弋阳郡，治所弋阳，今河南潢川西。
安丰郡，治所安风县，今安徽霍邱南。
鲁郡，治所鲁县，今山东曲阜。

三、兖州（魏国）
治所廪丘，今山东省郓城县东。下辖郡国：
陈留国，治所陈留，今河南省开封市东南。
东郡，治所濮阳，今河南濮阳南。
东平国，治所无盐，今山东东平东。
泰山郡，治所奉高，今山东泰安东。
山阳郡，治所昌邑，今山东金乡西北。
任城郡，治任城，今山东济宁东南。
济阴郡，治所定陶，今山东定陶西北。
济北国，治卢县，今山东定陶西北。

四、青州（魏国）

治临淄，今山东省淄博市临淄。下辖郡国：

济南国，治所东平陵，今山东章丘西北。

乐安郡，治所高苑，今山东梁邹东。

齐郡（国），治所临淄，今山东省淄博市临淄。

北海国，治所平寿，今山东潍坊南。

东莱郡，治所黄县，今山东黄县东。

城阳郡，治所东武，今山东诸城。

五、徐州（魏国）

治彭城县，今江苏省徐州市。下辖郡国：

东莞郡，治所莒，今山东沂水东北。

琅琊国，治所开阳，今山东临沂北。

东海国，治所郯县，今山东郯城北。

彭城国，治所彭城，今江苏省徐州市。

下邳国，治所下邳，今江苏省邳州市下邳故城。

广陵郡，治所淮阴，今江苏省淮安西南。

六、冀州（魏国）

治安平信都，今河北省冀州市信都县。下辖郡国：

魏郡，治所邺，今河北省临漳西南。

广平郡，治所曲梁，今河北鸡泽东南。

阳平郡，治所馆陶，今河北馆陶。

平原郡，治所平原，今山东平原南。

清河郡，治所清河，今山东临清北。

安平郡，治所信都，今河北冀县。

河间郡，治所乐成，今河北献县东南。

勃海郡，治所南皮，今河北南皮北。

乐陵国，治所厌次，今山东惠民东北。

巨鹿郡，治所廮陶，今河北宁晋西南。

赵国，治所房子，今河北省邑西。

常山郡，治所真定，今河北石家庄北。

中山郡，治所卢奴，今河北定县。

七、并州（魏国）

治太原晋阳，今山西省太原市西南。下辖郡国：
雁门郡，治所广武，今山西代县西南。
新兴郡，治所九原，今山西忻州。
乐平郡，治所沾县，今山西昔阳西南。
太原郡，治所晋阳，今山西省太原市西南。
西河郡，治所离石，今山西省吕梁市。
上党郡，治所壶关，今山西省长治市壹关县。

八、幽州（魏国）

治燕国蓟县，今北京市西南。下辖郡国：
代郡，治所代县，今河北蔚县东北。
上谷郡，治所居庸，今河北怀来东。
范阳郡，治所涿县，今河北省涿州市。
燕国，治所蓟县，今北京市房山区。
渔阳郡，治所渔阳，今北京市密云西南。
右北平郡，治所土垠，今河北丰润东。
辽西郡，治所阳乐，今河北卢龙东。
昌黎郡，治所昌黎，今辽宁省义县。
辽东郡，治所襄平，今辽宁省辽阳市。
玄菟郡，治所高句骊，今辽宁沈阳东。
乐浪郡，治所朝鲜，今朝鲜平壤南。
带方郡，治所带方县，今属朝鲜黄海北道。

九、雍州（魏国）

治京兆长安，今陕西省西安市西北。下辖郡国：
陇西郡，治所襄武，今甘肃陇西南。
南安郡，治原道县，今甘肃陇西东南。
天水郡，治所冀县，今甘肃天水西北。
广魏郡，治所临渭，今甘肃天水东。

安定郡，治所临泾，今甘肃泾川北。
新平郡，治所漆县，今陕西彬县。
扶风郡，治所槐里，今陕西咸阳西南。
北地郡，治所泥阳，今陕西耀县东南。
冯翊郡，治所临晋，今陕西大荔县。
京兆郡，治所长安，今陕西西安西北。

十、凉州（魏国）
治武威姑臧，今甘肃省武威市。下辖郡国：
武威郡，治所姑臧，今甘肃省武威市。
金城郡，治所榆中，今甘肃省兰州市东。
西平郡，治所西都，今青海省西宁市。
张掖郡，治所角乐得，今甘肃省张掖西北。
酒泉郡，治所禄福县，今甘肃省酒泉市。
敦煌郡，治所敦煌，今甘肃省敦煌西。
西海郡，治所居延，今内蒙古额济纳旗东南。

十一、益州（蜀国）
治所蜀郡成都，今四川省成都市。下辖郡国：
蜀郡，治所成都。
汉中郡，治所南郑，今陕西省汉中市。
武都郡，治所下辨，今甘肃省成县西北。
阴平郡，治所阴平，今甘肃省文县西北。
汶山郡，治所绵虎，今四川省汶川西南。
梓潼郡，治所梓潼，今四川省梓潼县。
东广汉郡，治所郪县，今四川省三台县南。
广汉郡，治所雒县，今四川广汉北。
犍为郡，治所武阳，今四川彭山东。
汉嘉郡，治所阳嘉，今四川雅安东北。
巴西郡，治所阆中，今四川阆中。
巴东郡，治所永安，今重庆市奉节。
巴郡，治所江州，今重庆市江北。

江阳郡，治所江阳，今四川泸州。
涪陵郡，治所涪陵，今重庆彭水。
永昌郡，治所不韦，今云南保山东北。
云南郡，治所云南县，今云南省祥云县南。
越隽郡，治所邛都，今四川省西昌东。
朱提郡，治所朱提，今云南昭通。
建宁郡，治所味县，今云南曲靖。
徉柯郡，治所且兰，今贵州都匀北。
兴古郡，治所宛温，今云南砚山北。

十二、扬州

（吴国部分）

治所建业，今江苏省南京市。下辖郡国：
庐江郡，治所皖县，今安徽省潜山。
蕲春郡，治所蕲春，今湖北省蕲春。
丹阳郡，治所建业，今江苏省南京。
毗陵典农校尉，治所毗陵，今江苏省常州市。
吴郡，治所吴县，今江苏省苏州市。
新都郡，治所始新，今浙江省淳安西北。
会稽郡，治所山阴，今浙江省绍兴市。
临海郡，治所章安，今浙江省台州椒江区。
鄱阳郡，治所鄱阳，今江西省波阳。
豫章郡，治所南昌，今江西省南昌市。
临川郡，治所南城，今江西省南城东南。
庐陵郡，治所高昌，今江西省吉安西南。
建安郡，治所建安，今福建省建瓯南。

（魏国部分）

治淮南寿春，今安徽省寿县。下辖郡国：
淮南郡，治所合肥，今安徽省合肥西北。
庐江郡，治所六安，今安徽省六安北。

十三、荆州
（吴国部分）
治所南郡江陵，今湖北省荆州市。下辖郡国：
南郡，治所江陵，今湖北省荆州市。
江夏郡，治所武昌，今湖北鄂州。
长沙郡，治所临湘，今湖南长沙。
武陵郡，治所临沅，今湖南常德。
零陵郡，治所泉陵，今湖南永州。
桂阳郡，治所郴县，今湖南郴州。
宜都郡，治所夷道，今湖北宜都。
建平郡，治所巫县，今湖北巫山县北。
衡阳郡，治所蒸阳县，今湖南省衡阳市蒸湘区。
临贺郡，治所临贺，今广西壮族自治区贺州东南。
武昌郡，治所武昌，今湖北省鄂州市。
（魏国部分）
治所宛，今河南省南阳市。下辖郡县：
南阳郡，治所宛，今河南省南阳市。
襄阳郡，治所襄阳，今湖北省襄阳市。
义阳郡，治所安昌，今湖北省枣阳东南。
新城郡，治所房陵县，今湖北省房县。
上庸郡，治所上庸县，今湖北竹山县西南。
魏兴郡，治西城县，今湖北省安康市汉滨区。

十四、交州（吴国）
治所南海番禺，今广东省广州市。下辖郡国：
南海郡，治所番禺，今广州市。
苍梧郡，治所广信，今广西梧州。
郁林郡，治所布山，今广西桂平西南。
合浦郡，治所合浦，今广西合浦东北。
高凉郡，治所恩平，今广东恩平北。
朱崖郡，治所徐闻，今广东徐闻南。

交趾郡，治所龙编，今越南河内东。
九真郡，治所胥浦，今越南清化西北。
日南郡，治所朱吾，今越南西卷西北。

十五、西域长史府（魏国）
治所海头，今新疆罗布泊西北楼兰遗址。下辖各国：
曹魏置戊己校尉于高昌国，今新疆吐鲁番东。
鄯善国，治所扜泥城，今中国新疆若羌附近。
于阗国，治所西城，今新疆和田约特干遗址。
疏勒国，治所疏勒城，今新疆喀什噶尔。
龟兹国，治所龟兹城，今新疆库车镇。
焉耆国，治员渠城，今新疆焉耆回族自治县。
车师国，治所交河，今中国新疆吐鲁番西北。
（备注：西域长史府是魏晋两朝在西域的前哨阵地，下设有军队，主要任务是屯田驻防，西域长史在行政上隶属于凉州刺史节度，但由于凉州州治（武威）相对楼兰较远，实际上是受敦煌郡直接管辖。）

十六、鲜卑等部
含鲜卑、匈奴、丁令等部，主要居大漠以北。
鲜卑部主要有河西鲜卑，拓跋鲜卑和东部鲜卑。另有羌、胡、羯、匈奴等部居黄河以内地区。
总地域南至黄河河套一带，东至辽东，北至北海（今俄罗斯贝加尔湖），西至西域长史以北。
盛乐，今内蒙古和林格尔西北。